RÉUSSIR SANS PEINE

9 Outils énergétiques pour vous réaliser pleinement

RENEE ROSE

Traduction par
VALENTIN TRANSLATION

RENEE ROSE ROMANCE

Copyright © 2024 Relax to Riches et 2025 Réussir sans peine par Renee Rose

Tous droits réservés. Cet exemplaire est destiné EXCLUSIVEMENT à l'acheteur d'origine de ce livre électronique. Aucune partie de ce livre électronique ne peut être reproduite, scannée ou distribuée sous quelque forme imprimée ou électronique que ce soit sans l'autorisation écrite préalable des auteures. Veuillez ne pas participer ni encourager le piratage de documents protégés par droits d'auteur en violation des droits des auteures. N'achetez que des éditions autorisées.

Publié aux États-Unis d'Amérique

Renee Rose Romance

Renee Rose® est une marque déposée de Wilrose Dream Ventures.

(dba Renee Rose Romance)

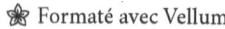 Formaté avec Vellum

REMERCIEMENTS

Je me dois de coucher sur papier mon immense gratitude envers Lisa Daily pour son rôle de coach et ses encouragements dans le cadre de l'écriture de mes livres de non-fiction, ainsi qu'envers Simone Gers, non seulement pour tout le soin qu'elle porte à l'édition, mais surtout pour ses dons de shaman qui m'ont permis de découvrir et de soigner des parts de moi-même tandis que j'écrivais cet ouvrage.

Je suis reconnaissante envers Erin Chanel et Katherine McIntosh, qui m'ont servi de coachs énergétiques, ainsi qu'envers le Dr Carolyn Elliot Lovewell, dont l'œuvre est apparue comme par magie au moment précis où j'en avais besoin – à la fois pour moi-même et pour approfondir ma compréhension quant à ce que les esprits voulaient que je transmette dans ce livre.

Un grand merci à Lee Savino, ma co-auteure en matière de romans à l'eau de rose, mais plus important encore, ma complice en ce qui est de diriger Money Magic, notre groupe permettant à tous d'en apprendre plus sur l'état d'esprit d'abondance.

AVANT-PROPOS

Lorsque j'ai écrit *Écrivez votre réussite*, mon premier livre sur la réalisation de soi, je savais qu'il y en aurait un autre nommé *Réussir sans peine*. J'avais même réussi à en lister les outils via *channeling* (communication avec des esprits ou entités), mais j'avais surtout compris que je n'étais pas encore prête à l'écrire. Je n'avais pas encore vécu les expériences nécessaires. Ainsi, j'ai laissé cette liste de côté et j'ai patiemment attendu de recevoir un petit coup de coude de l'univers. Deux ans plus tard, c'est sous la douche – là où les meilleures pensées créatives me viennent directement de mon Moi supérieur – que j'ai entendu qu'il était temps de me mettre au travail. Non pas car j'incarnais déjà les outils et savais de quoi je parlais, mais car je devais en *apprendre* plus sur eux et, surtout, comprendre comment les utiliser.

Voilà la beauté de l'enseignement et du coaching. Chacun de mes clients constitue pour moi un cadeau. Comme eux, je ressors grandie de nos séances. De la même manière, chaque fois que je parviens à soigner une part blessée ou oubliée de moi-même, je permets au reste du monde de profiter de ce soin.

AVANT-PROPOS

Durant l'écriture de ce livre, des synchronicités se sont produites absolument partout. Alors que j'écrivais chaque chapitre, les informations dont j'avais besoin m'apparaissaient comme par magie via des amis, des formations en ligne que je suivais ou des livres que je lisais. J'ai, dira-t-on, appris sur le tas – ce qui m'a rendue vulnérable, mais qui était nécessaire pour me permettre d'évoluer. Ma propre transformation a été spectaculaire. Tel un beau papillon, j'ai laissé derrière moi un cocon empli de doutes et de faible estime de soi tout en intégrant les parts d'ombre de mon être que je m'étais efforcée de rejeter. Par conséquent, il y a désormais une certaine gaité dans mon esprit doublée d'une résilience intrépide. Je sens que les choses que je demandais par le passé, qui me semblaient être manifestées au prix de lourds efforts, arrivent maintenant dans ma vie à grande vitesse.

J'espère que vous vous joindrez à moi dans ce voyage et que vous m'informerez de vos expériences afin que nous puissions mettre nos énergies en commun pour tous les lecteurs – ou quiconque dans le monde – qui veulent créer plus d'argent, de magie et de miracles dans leurs vies.

REMARQUE :

Les informations présentées dans ce livre n'ont pas pour intention de diagnostiquer des problèmes de santé mentale ni de remplacer les soins apportés par un thérapeute reconnu par l'État.

Ce livre ne constitue pas une tentative de thérapie clinique ou traumatique. Les lecteurs devraient consulter un professionnel de santé reconnu par l'État afin de recevoir des conseils et des réponses quant à leurs problèmes en matière de santé mentale, surtout (mais sans s'y limiter) ceux concernant des événements traumatiques.

CHAPITRE UN

À l'âge de vingt-cinq ans, j'ai découvert la loi de l'attraction et l'ai immédiatement utilisée pour acheter ma première maison, décrocher le poste de mes rêves, démarrer une école de danse et, plus tard, devenir une auteure ayant vendu plus d'un million de romans.

Malheureusement, je ne parvenais pas à comprendre comment l'utiliser pour accomplir des choses plus profondes, comme me débarrasser de mon anxiété, avoir un mariage parfait ou trouver le sentiment d'être à la hauteur dans ma vie. À l'époque, je croyais que la réalisation de soi n'était rien de plus qu'une commande passée à l'univers – qu'il suffisait de demander et d'attendre patiemment que le livreur arrive.

Et c'est toujours le cas.

En quelque sorte.

Mais sur le chemin qui m'a amenée vers la vente de plus d'un million de romans et vers le coaching d'autres auteurs, artistes et créatifs afin de les aider à manifester leurs rêves, j'ai appris qu'il existe plusieurs couches sous cette *commande* que l'on passe à l'univers – des couches qui déterminent la rapidité et la facilité avec laquelle elle se manifeste.

L'image que l'on a de soi-même a un rôle à jouer, ainsi que la volonté énergétique de recevoir.

J'ai donc appris à ajuster mon énergie au succès pour me réaliser plus rapidement. J'ai développé l'image que je me faisais de moi-même afin qu'elle corresponde à l'avenir que je désirais.

Au début, mes objectifs à réaliser étaient simples : générer un million de dollars par an grâce à la vente de mes romans, par exemple. Une fois le million atteint, j'ai approfondi la question et me suis demandé :

- Où est-ce que je me sens toujours pauvre ?
- Où est-ce que je me sens toujours impuissante ?
- Quel sentiment de manque essayais-je de combler avec cet objectif d'un million de dollars par an ?

J'ai découvert que ce n'est pas vraiment l'argent que nous recherchons, mais plutôt la vibration émotionnelle – le sentiment – que nous lui associons. En effet, je me suis sentie plus riche cette année que pendant celles où je gagnais beaucoup plus d'argent. Pourquoi ? Parce que j'ai commencé à m'ajuster à la fréquence de mes désirs plutôt qu'au nombre affiché sur mon compte en banque.

L'abondance financière peut très bien nous ôter cette sensation d'impuissance : dans le cas où vous devriez faire réparer votre voiture à la suite d'un accident, par exemple. L'abondance peut être synonyme de liberté pour vous, la capacité de faire ce que vous voulez, quand vous le voulez. L'abondance pourrait aussi être synonyme de luxe, une vie entourée d'or et de paillettes, sans oublier de délices pour l'estomac.

Ou, dans mon cas, mon désir d'abondance se résumait plus ou moins à prouver ma valeur au reste du monde. Je me disais que, si j'arrivais à gagner un million de dollars ou plus par an grâce à mes livres, cela prouverait qu'ils avaient une certaine valeur et que je méritais d'être écrivain. Cela prouverait que, *moi*, Renee, j'avais une certaine valeur.

Bien souvent, manifester l'abondance revient à demander à l'univers tout ce dont nous nous privons, tel un sentiment de puissance dans notre vie quotidienne.

Vous l'aurez compris, la définition de l'abondance varie grandement d'une personne à l'autre. Ainsi, mettre le doigt sur *votre* définition est très important afin de manifester cette abondance en un temps record dans votre réalité.

Le processus **de réalisation de soi n'a pas à être difficile.**

Je sais, je le comprends, vous êtes habitué(e) à ce que rien ne soit facile. Vous êtes prêt(e) à fournir des efforts, à relever vos manches et à vous attaquer à la réalisation de soi comme à n'importe quel autre problème.

Et pourtant... cette envie d'*attaquer le problème* pourrait vous mettre des bâtons dans les roues, en réalité. Si nous nous focalisons sur le fait de résoudre des problèmes, l'univers pensera alors que tel est l'objet de notre désir et nous en enverra davantage à résoudre. Notre fréquence s'aligne sur des problèmes (généralement en nous) qui ont besoin d'être résolus, et voilà donc ce qui apparaît.

Vous avez peut-être déjà essayé de perdre du poids, ou de régler un problème de santé, avant de constater que vos efforts n'ont mené à rien, voire que votre situation a empiré ? Voilà exactement le résultat que nous voulons éviter. La merveille esthétique et mécanique que constitue votre corps s'évertue constamment à créer ce sur quoi vous vous focalisez. Faites-moi confiance, je pourrais écrire tout un livre là-dessus en ne parlant que de mes expériences.

Néanmoins, ne laissez pas ce constat vous inquiéter ni vous attrister ! Je ne suis pas là pour vous dire que vous vous y prenez mal et ainsi vous donner l'impression qu'il y a un autre problème à résoudre.

Bien au contraire.

Je suis là pour vous dire que c'est bien plus facile que tout cela.

D'ailleurs, vous ne vous y prenez pas mal. Il n'y a pas de bonne ni de mauvaise façon de faire. Nous nous dirigeons tous approximativement vers la joie, la liberté, l'abondance et le nirvana un petit pas après l'autre, en tâtonnant. Mais le chemin peut-être encore plus simple à suivre.

- Avez-vous déjà pensé que vous ne vous exprimiez pas correctement ?
- Vous efforcez-vous de vous réaliser en essayant trop de contrôler le résultat ?
- Vous blâmez-vous lorsque/si le résultat se faire attendre ?
- Recevez-vous ce que vous avez demandé, mais pas de la bonne manière ?
- Croyez-vous devoir faire *attention* à ce que vous souhaitez ?
- Pensez-vous devoir suivre toutes les étapes de la recette et réunir les parfaites conditions pour que votre réalisation personnelle soit concluante ? Pensez-vous qu'une seule erreur puisse vous mener à l'échec ?

Si vous avez répondu par l'affirmative à l'une de ces questions, ce livre est fait pour vous. ***Réussir sans peine* est l'anti-**

dote à la culture de surperformance en termes de réalisation.

Il est possible que vous ayez l'impression de devoir méditer quant à votre avenir chaque matin, demander des millions à midi, répéter vos affirmations ou vos mantras dans les embouteillages et imaginer votre vie de château entre le dîner et la vaisselle.

Tout cela peut fonctionner, mais la réalisation de soi ne requiert pas autant d'efforts de votre part.

Si vos tentatives passées vous ont donné l'impression d'avoir un deuxième travail, si la recherche de la « zone » ou de votre « vortex » n'a fait que de vous plonger dans un océan de frustration et de vous donner le sentiment que la réalisation de soi n'est pas pour vous, je suis là pour vous épauler.

Au cours de nos vies, la plupart d'entre nous absorbent la croyance que de se donner à fond, vingt-quatre heures sur vingt-quatre et sept jours sur sept, sans jamais lâcher notre objectif des yeux est le meilleur moyen de réussir.

Vous êtes-vous déjà surmené(e) pour accomplir les buts que vous vous étiez fixés ? Ou, si vous ne le faites pas, peut-être vous jugez-vous en croyant que vous le devriez ?

Peut-être que, comme moi, vous employez la réalisation de soi et le soutien de l'univers afin de vous aider à concrétiser vos rêves, mais que vous approchez toujours le processus en cherchant à le contrôler plutôt que de laisser les forces de notre monde se charger de tout. Vous avez l'impression de devoir fournir davantage d'efforts afin de vous réaliser – ou encore de *trouver* la bonne astuce. Il est également possible que vous n'arriviez pas à visualiser l'objet de votre désir et que vous vous persuadiez de votre incompétence avant de redoubler d'efforts pour enfin parvenir à vos fins.

Ma coach énergétique, Katherine McIntosh, m'a un jour stupéfiée en disant : « Parfois, tout ce dont ma vie a besoin est que je la laisse tranquille. » Avant cela, je n'avais jamais ne serait-ce que considéré le fait qu'une telle chose soit un ingrédient nécessaire à la création. Je croyais avoir déjà tout *fait* pour faire d'un rêve une réalité ; et savoir que je devais simplement laisser ma préparation mijoter à son rythme a tout changé.

Ce concept est devenu la sixième étape de mon premier livre dédié à la réalisation de soi, *Écrivez votre réussite : 7 étapes pour éveiller l'écrivain abondant qui sommeille en vous*. Cette étape peut être l'une des plus difficiles à intégrer si vous êtes, ou avez été, accro au travail comme moi. Si vous êtes du genre à croire qu'il faut travailler toujours plus et sans relâche pour atteindre ses rêves. Cette étape nous apprend qu'il est simplement nécessaire d'exister, de lâcher prise et de faire confiance à l'univers.

La réalisation de soi ne demande pas de suivre une recette à la perfection ni de répéter des affirmations un certain nombre de fois. Vous devez avant tout suivre ce que vous trouvez amusant et ce qui vous fait du bien. Détendez-vous, et profitez du voyage.

***Réussir sans peine* est la réalisation de soi 2.0.** Lorsque vous serez complètement intégré(e) et en accord avec vous-même, vous n'aurez plus besoin de tableaux de visualisation, de la pensée positive ni de répéter des affirmations préconçues. L'extérieur reflète l'intérieur, et vous vous réaliserez instantanément en étant davantage vous-même ainsi qu'en prenant possession de votre pouvoir créateur.

Néanmoins, je ne vous conseille pas dans ce livre de vous allonger dans un hamac et de rêvasser jusqu'à ce que vos projections se produisent. (Même si... je ne vais jamais dire que ça ne fonctionne pas. Absolument toutes les méthodes fonctionneront lorsque vous serez totalement aligné(e) avec vous-même durant le processus.)

Réussir sans peine constitue une série d'outils vous permettant d'approfondir votre pratique de la réalisation de soi. Ce processus va bien au-delà d'une simple recette à appliquer bêtement, comme répéter des affirmations ou allumer une bougie sous la pleine lune. Il ne s'agit pas de fournir plus d'efforts. Non, il s'agit d'entrer en grande pompe dans votre transformation.

Le fait de lâcher prise et de vous laisser porter par cet état d'aisance et d'acceptation de l'abondance – c'est-à-dire l'absence de résistance – vous offrira davantage de possibilités créatrices. Dans ce livre, vous apprendrez comment permettre à vos créations de s'épanouir par elles-mêmes au lieu d'essayer de les matérialiser par la force.

Avec ces outils, vous apprendrez à :

- Recevoir plus en faisant moins.
- Déjouer votre subconscient grâce au potentiel non exploité du sommeil.
- Accéder à davantage de votre puissance créatrice.
- Créer ou vous réaliser avec plus d'aisance et de rapidité.
- Balayer les traumatismes qui vous empêchent d'atteindre vos buts.
- Libérer et intégrer les blocages énergétiques et financiers.
- Oublier vos croyances limitantes.
- Lâcher prise et accepter qui vous êtes réellement.
- Acquérir un sentiment de légèreté et de gaité doublé d'une joie créatrice.

Lorsque vous mettrez en pratique les outils présentés dans ce livre, vous commencerez à vous aimer davantage et à plonger dans votre nature profonde – à savoir l'essence de votre vérité, de votre valeur et de votre pouvoir – en sachant que vos désirs sont des ordres pour l'Univers et qu'il vous suffit de demander pour recevoir dans la plus grande simplicité.

CHAPITRE DEUX

*A*u début de la trentaine, je me suis donné beaucoup de mal pour imaginer une grossesse en bonne santé. Mon cerveau se concentrait sur la peur – la peur que j'avais de ne pas pouvoir tomber enceinte. La peur d'une nouvelle fausse couche. La peur que je n'aurais jamais les enfants qui, j'en étais certaine, étaient la raison de ma présence sur Terre.

J'ai passé la majeure part de mon temps à être obsédée par l'idée de *réparer* mon corps tout en me sentant trahie par ce dernier. J'ai parcouru Internet de long en large en quête de cures de fertilité et autres superstitions sur la grossesse. J'ai retiré l'anneau que j'avais au nombril car quelqu'un disait que le métal dont il était constitué bloquait le flot d'énergie en moi. J'ai mis un bol de riz sous mon lit – le remède adéquat selon le Feng Shui. J'ai ensuite attaché des baguettes chinoises avec un ruban rouge et les ai pendues dans le bon coin de la chambre.

Mais je connaissais également la projection. J'avais écouté les cassettes d'Abraham Hicks. (C'était il y a très longtemps !) Il est difficile de changer le flot de nos pensées, qui sont souvent dirigées vers ce que l'on ne veut pas – ce qui n'aide en rien à résoudre les problèmes –, et d'enfin se concentrer sur ce que l'on désire, mais je suis parvenue à concocter un mantra. Dès que je commençais à perdre le contrôle, je disais : « Univers, je te remercie en avance pour le bébé qui est déjà en route pour moi. » C'était une phrase à laquelle mon cerveau pouvait se raccrocher et qui m'a aidée à écarter la peur de mes pensées afin d'accueillir l'objet de mon désir. Ce mantra m'a fait lâcher prise et j'ai pu arrêter de me battre pour mon avenir.

En fin de compte, je suis tombée quatre fois enceinte et deux de ces grossesses ont été menées à terme.

Tous ces efforts, toutes ces inquiétudes et tout ce stress n'étaient pas nécessaires, mais je ne m'y prenais pas mal pour autant. Je ne crois pas que *mieux* me projeter m'aurait permis de concevoir plus tôt. Je crois qu'une force divine était à l'œuvre. Lorsque le désespoir s'était emparé de moi, j'avais consulté deux médiums, qui m'avaient affirmé que j'allais avoir un enfant, mais que le bébé attendait simplement le bon moment pour arriver dans ma vie. Elle suivait son propre plan. Peut-être attendait-elle la bonne occasion ou le bon alignement des astres pour naître dans la vie qu'elle désirait.

Si j'avais su ce que je sais maintenant – que j'allais avoir deux enfants magnifiques et en bonne santé –, je me serais peut-être amusée au cours de ces longues années à essayer de concevoir. J'aurais pu me détendre dans l'abondance qui était déjà mienne, sans même que je m'en rende compte.

Mais au lieu de cela, j'ai redoublé d'efforts jusqu'à l'épuisement physique et mental, apeurée à l'idée que je ne visualise pas mes désirs correctement, et en essayant constamment de me réajuster à tous les niveaux pour atteindre mon but.

Si mes mots décrivent votre rapport à la projection, ou si cela a été le cas par le passé, ce livre est fait pour vous.

Premièrement, vous ne vous y prenez pas mal. Il n'y a pas de mauvaise méthode.

Cependant, vous pourriez choisir de projeter vos désirs avec une plus grande aisance. Vous pourriez lâcher prise, faire confiance à l'univers et possiblement attirer tout à vous plus rapidement. Je dis *possiblement*, car tout arrive au bon moment, qui n'est pas forcément perçu comme bon par notre esprit humain, comme dans le cas de ma grossesse. Peu importent nos désirs, nous ne pourrons jamais aller plus vite que la musique.

Bien souvent, nous nous *efforçons* de nous réaliser. Nous voulons quelque chose si ardemment que nous poussons encore et toujours plus fort pour l'atteindre. Nous répétons sans relâche les affirmations d'abondance. Nous écartons nos blocages, mais nous retrouvons pris au piège de la résolution de problèmes. Il y aura toujours un problème de plus à régler.

Ou peut-être êtes-vous comme moi : vous avez mangé, bu et respiré tous les enseignements en matière de travail énergétique et de visualisation pendant vingt-cinq ans, donc vous savez tout d'un point de vue cognitif. Mais il subsiste de mauvais alignements entre votre subconscient et votre système énergétique dont vous n'avez même pas conscience. Ce sont eux qui créent de la résistance ou qui ralentissent vos créations.

Vous définissez une intention claire, vous prononcez les mots magiques ou le mantra que vous avez choisis, mais vous ne croyez pas réellement que le processus va fonctionner. La peur de l'échec vous bloque, comme elle m'a bloquée lorsque j'essayais de tomber enceinte. J'avais bien sûr un mantra qui, Dieu merci, m'a fait tenir, mais je ne l'utilisais que pour me protéger de la panique. Mon énergie n'était pas alignée dans le but de visualiser avec aisance. Je ne m'amusais pas du tout. Je ne plaçais pas la moindre confiance dans le résultat. Je n'étais pas en état de recevoir. Dans ma *demande* à l'univers était nichée dans une énorme pelote de désespoir.

Une fois encore, je n'ai pas pour but, dans ce livre, de pointer du doigt ce que vous ne faites pas correctement.

Il s'agit pour moi de dissiper la croyance comme quoi il y aurait une mauvaise manière de faire.

Il s'agit de vous aider à lâcher prise et à accepter votre pouvoir créatif, votre savoir inné et la confiance profonde en le fait que tout ce que vous désirez peut venir à vous dans la simplicité la plus totale. Il est possible que vous ayez jugé vos créations passées comme des échecs car :

Vous croyiez qu'elles devaient se produire d'une certaine façon.

Nous croyons souvent que nos projections doivent se produire d'une façon très spécifique. Nous pensions qu'elles seraient ceci ou cela, et quand la réalité nous contredit, la frustration nous gagne face au résultat. Voilà ce que l'on appelle parfois une *bénédiction mitigée*.

Disons que vous vouliez une nouvelle relation amoureuse, et que l'univers vous l'ait donnée, mais qu'elle n'était pas la relation parfaite que vous aviez imaginée. Au lieu de cela, elle vous a permis d'apprendre et de grandir pour votre prochaine relation. Cette visualisation a-t-elle échoué ? Peut-être n'étiez-vous pas assez spécifique dans votre demande ? L'univers essayait-il de vous rouler dans la farine ? Ou était-ce précisément l'expérience dont vous aviez besoin à ce moment de votre vie pour ensuite accéder à la relation de vos rêves ?

Elles ne se sont pas produites quand vous le vouliez.

Nombreux sont ceux qui vous conseilleront d'ancrer

votre souhait dans la réalité grâce à un délai. Par exemple : « J'aurai un nouveau boulot d'ici novembre. »

Je pense que cette méthode peut marcher, mais il est parfois possible que l'univers ait besoin de davantage de temps pour enclencher les mécanismes quantiques appropriés. Vous désirez peut-être telle ou telle chose d'ici deux mois, mais tout ne dépend pas que de vous. D'autres facteurs, ou personnes, sont peut-être impliqués sans que vous en ayez conscience.

Si vous réalisez un tableau de visualisation pour l'année dès le Nouvel An, par exemple, vous aurez tendance à penser que tout ce qui y figure va se réaliser cette année-là. Et lorsque la réalité vous rattrape, vous avez l'impression d'être un échec. Vous vous dites : « Rien de ce que j'avais visualisé ne s'est réalisé cette année. » Tout comme moi lors de ma grossesse, il est possible que des forces divines attendent le bon moment pour accéder à votre requête. Soyez patient(e).

Vous n'avez pas aimé le résultat de votre visualisation en pensant que vous vous y étiez mal pris(e).

Lorsque mon école de danse a eu besoin de trouver de nouveaux locaux, j'ai passé en revue les différentes solutions qui s'offraient à moi. Une autre école de danse de la ville avait un beau bâtiment – non seulement un bon studio, mais également un petit théâtre. J'avais toujours convoité leur emplacement. J'ai donc fait une demande à l'univers. Peut-être pouvions-nous partager le bâtiment avec eux. Qui sait, après tout ? Je n'y avais pas vraiment réfléchi, j'étais toujours dans la phase du souhait.

Mais apparemment, je suis une puissante créatrice : en l'espace d'une semaine, la directrice de l'autre école m'a appelée sans crier gare en me disant qu'elle avait entendu dire que nous cherchions un nouveau local et qu'elle voudrait me proposer de partager le sien. C'était un rêve devenu réalité ! Du moins, c'est ce que je pensais.

Hélas, lorsque nous nous sommes rencontrées pour discuter des détails et de ce à quoi ressemblerait concrètement ce partage, j'ai décidé que ça n'allait pas convenir. Je ne me rappelle pas vraiment pourquoi je n'ai pas été convaincue par cet arrangement – notre emploi du temps était peut-être trop limité, ou le loyer devait être trop cher –, mais j'ai décidé que ce *rêve* n'en était, en réalité, pas vraiment un.

L'univers s'est-il trompé en m'envoyant une visualisation imparfaite ? Comment est-ce possible ? L'univers n'est-il pas censé savoir ce qu'il y a de meilleur pour moi ? Ou peut-être est-ce moi qui me suis trompée ? J'ai dû commettre une erreur. Ma demande n'était pas assez claire.

Bien entendu, j'aurais pu formuler plus clairement ma demande. Mais il n'y a rien de mauvais dans ma méthode. Nous demandons une visualisation, testons le *produit* reçu et ajustons notre prochaine demande. Voilà comment ce processus fonctionne. La morale de cette histoire est que je n'aurais pas dû me montrer plus spécifique, ni qu'il faut faire attention à ce que l'on souhaite. La morale à retenir, c'est que la projection est simple. Que je dispose – tout comme vous – d'une puissance créatrice qui peut attirer à moi des opportunités inouïes en un claquement de doigts, ou presque.

Plus vous y croyez, plus le processus sera facile.

Dans ce livre, nous allons explorer ensemble neuf outils énergétiques qui vous aideront à lâcher prise face à votre pouvoir de projection afin que vous puissiez créer tout ce que vous désirez dans la simplicité la plus totale.

1. Trouver la fréquence
2. Défaire le manque de mérite
3. La peur, c'est la liberté

4. Dormir jusqu'au succès
5. Vivre pour rire
6. Accueillir les réussites
7. Consumer les cannibales
8. Purger la souffrance
9. Abandonner la culpabilité

PRÉPARATION

Je veux débuter en disant que, même si j'ai inscrit de nombreux exercices et jeux pouvant être réalisés à la maison dans ce livre, aucun d'entre eux n'est nécessaire. Si vous souhaitez simplement lire ou écouter ce livre sans rien faire de plus, vous en ressortirez tout de même grandi(e). Ne gardez pas le livre dans un coin en attendant d'*avoir le temps*. Le temps n'est rien d'autre qu'une illusion, vous savez. Il n'y a pas de bonne ni de mauvaise façon de travailler avec les outils présents dans ce livre. Le postulat de base est de lâcher prise, et si vous avez l'impression de travailler en apprenant les leçons que je vous transmets, c'est que l'énergie n'est pas bonne.

Cela étant dit, si vous voulez aller au bout des choses, voici les quelques étapes que vous pouvez franchir afin de vous préparer. Je vous suggère d'abord de travailler sur un outil par semaine. Si vous cherchez un camarade ou un partenaire pour suivre le programme avec vous, il y aura également des informations à ce sujet à la fin du livre pour vous aider à constituer un groupe de travail. Je vous recommande également de rejoindre le groupe Facebook *Relax to Riches* si vous souhaitez faire partie d'une communauté soudée et partager vos progrès, vos questions et vos conseils.

L'un des outils clés de *Réussir sans peine* est « dormir jusqu'au succès ». Nous mettrons à profit notre temps de sommeil pour reprogrammer notre subconscient afin qu'il nous aide à projeter ce que nous désirons. Dans cette optique, il est utile de réfléchir à vos habitudes avant l'heure du coucher ainsi qu'à votre chambre pour prendre conscience que votre lit est sacré. Bien qu'il ne soit pas nécessaire de dépenser des sommes folles pour rendre votre chambre spéciale, investir dans l'amélioration de votre espace de vie nocturne enverra un puissant message à votre subconscient – et à l'univers. Vous serez prêt(e) à honorer votre personne, vos intentions et votre alignement avec l'abondance.

Une fois encore, cette étape n'est pas nécessaire pour approfondir votre pratique de la projection. Si cela vous freine et crée une raison de procrastiner votre apprentissage des autres outils, alors ne le faites pas ! Vous pourrez très bien accorder du temps à ce rituel du soir lors de votre prochaine lecture.

Néanmoins, les rituels fonctionnent très bien avec le subconscient. Ils disent à votre cerveau de faire attention, car ce que vous faites est important. Lorsque vous prenez le temps de vous préparer, vous accédez plus rapidement à votre pouvoir créateur en signalant à votre cerveau que le voyage dans lequel vous êtes sur le point d'embarquer relève de la plus grande importance.

1. Créez votre sanctuaire

Préparer le sanctuaire de vos rêves. Ici, nous voulons générer le sentiment d'être pouponnés, de prendre soin de nous et de nous ouvrir à l'univers. Vous connaissez sans doute l'adage : « Aide-toi, le ciel t'aidera » ; l'univers s'aligne toujours sur nos vibrations.

Il vous faudra peut-être apporter quelques améliorations à votre chambre. Prétendez occuper une chambre du Four

Seasons. Votre literie est-elle digne du Four Seasons ? À quoi ressemblerait un lit de luxe, selon vous ?

Quelle est votre définition de *confortable* ? Le but premier de notre subconscient est de nous maintenir en vie et en sécurité. Ce sentiment de confort est égal à celui de la sécurité, du foyer, du nid douillet. Lorsque l'on se sent ainsi, notre subconscient se sentira à l'aise et sera plus enclin à se détendre ainsi qu'à s'ouvrir aux suggestions que vous lui donnerez.

Voici quelques idées pour vous permettre de transformer votre chambre en un petit nid douillet, voire en un sanctuaire luxueux :

- Retapez votre lit avec des oreillers de tailles et de formes différentes.
- Achetez une nouvelle taie d'oreiller et/ou une couette. Choisissez plutôt des fibres naturelles telles que le coton, le lin, la soie, le bambou ou le chanvre, car ces dernières offrent de hautes vibrations. J'ai personnellement une couverture très douce que l'on m'a offerte pour Noël et qui a transformé mon lit en un véritable sanctuaire.
- Disposez des bougies dans votre chambre. (Utilisez des bougies à LED ou assurez-vous de les souffler avant d'éteindre votre lampe de chevet chaque soir.)
- Débarrassez-vous du superflu afin de dormir dans un endroit propre et sain.
- Utilisez des huiles essentielles qui promeuvent la relaxation et le sommeil. Mes préférées sont celles à la lavande, à l'encens et le baume citron. Dans les bonnes huiles pour le sommeil, nous avons également celles au jasmin, à la camomille, au

santal, à la valériane, au vétiver ou au cèdre. Le meilleur choix est toujours celui qui *vous* convient !
- Utilisez une lampe de sel, de sélénite ou tout autre type d'éclairage doux près de votre lit.
- Essayez un masque de nuit en soie avec assez de poids pour vous sentir comme dans un spa.

2. Créez un rituel mêlant le sommeil au pouponnage.

Établissez de nouvelles règles quant à votre hygiène nocturne. Pour votre subconscient, les règles sont plus importantes que les choses qui « seraient sympas », mais qui ne se concrétisent jamais. Tout comme lorsque vous créez un tableau de visualisation en début d'année, vous déclarez ainsi votre puissante intention d'utiliser votre sommeil pour vous projeter. Le rituel que constitue votre routine s'ancre alors dans votre inconscient et le reprogramme afin d'atteindre votre but.

Commencez par évaluer votre routine actuelle et modifiez-la jusqu'à ce qu'elle soutienne totalement le fait que le sommeil et les rêves sont sacrés, rajeunissants et nourrissants. Quelle routine vous donnerait le sentiment d'être détendu(e), pouponné(e) et prêt(e) à entrer dans votre sanctuaire ?

Je vais vous l'avouer – pas de mensonges entre nous –, il m'arrive si souvent de rester éveillée jusqu'à l'épuisement, de ne pas me laver le visage ou d'enfiler mon pyjama. Je me contente simplement d'aller au lit après m'être brièvement brossé les dents et avoir ôté mon soutien-gorge ainsi que mon pantalon pour finir sous la couette avec le haut que j'ai sur le dos et ma culotte.

Et ce n'est *pas* ce que nous recherchons ici.

Ne suivez pas mon exemple et établissez une routine de

sommeil qui commence bien avant l'épuisement. Commencez vingt ou trente minutes plus tôt que d'habitude et décidez des étapes qui sont logiques pour vous.

Voici quelques suggestions basées sur ce que j'adore faire pour me garantir un sommeil délicieux. Lorsque je réalise ces étapes, je suis impatiente d'aller au lit et presque étourdie à l'idée de faire entrer la sphère du mystique dans l'univers physique.

- Éteignez la télé, rangez votre téléphone et lancez une musique relaxante en vous détendant.
- Prenez un bain avant d'aller vous coucher en y ajoutant du sel Epsom pour détendre vos muscles, ou une cuillère à soupe de bicarbonate de soude pour un effet détox. Vous pouvez également ajouter vos huiles essentielles favorites. Si vous préférez les douches, servez-vous du sel d'Epsom et frottez-vous le corps avec. Il est également possible de vaporiser vos huiles essentielles autour de vous.
- Nettoyez-vous le visage et mettez votre meilleure crème pour la peau. Prenez le temps pour toutes ces petites choses que vous négligez en temps normal, comme un masque hydratant ou encore un gommage purifiant.
- Enfilez un pyjama confortable.
- Réalisez quelques étirements légers pour détendre vos muscles. Vous pouvez par exemple suivre des vidéos de yoga Nidra (orienté pour un sommeil réparateur) sur YouTube.
- Utilisez une lampe LED ou allongez-vous sur un petit tapis à LED pour faire fondre vos douleurs corporelles. J'ai un tapis chauffant sur mon lit dont

je me sers pour trouver le sommeil (les liens de ces objets se trouvent dans la section *Ressources* à la fin du livre.)

3. Tenez un journal dédié à *Réussir sans peine*

Gardez un cahier ou un journal, des stylos ou des crayons à papier près de votre lit. Vous vous en servirez pour les exercices d'écriture libre, les analyses matinales, écrire ce dont vous voulez rêver et détailler les réalisations que vous appelez. Vous pouvez également l'utiliser pour documenter vos rêves de la veille.

4. Téléchargez ma méditation pour rêves lucides

Si vous parlez anglais, téléchargez mes différentes méditations guidées pour rêves lucides sur https://Relax2-Riches.com et écoutez-les en vous endormant. Mettez-les sur votre téléphone ou sur l'appareil avec lequel vous écoutez de la musique afin qu'elles soient facilement accessibles lorsque vous êtes prêt(e) à aller vous coucher.

OUTIL N° 1

Trouver la fréquence

CHAPITRE TROIS

Vous êtes doté(e) d'une puissance réalisatrice. J'aimerais beaucoup que vous l'acceptiez dès maintenant. Vous passez déjà votre temps à vous projeter, mais tout se passe généralement à un niveau inconscient.

La vie que vous vivez aujourd'hui est le résultat de votre visualisation. Vous croyez sans doute ne pas aimer certains aspects de votre quotidien, mais la vérité – qui va vous paraître folle – est qu'une part de vous-même est, en réalité, parfaitement alignée avec ces derniers sur un plan énergétique. Néanmoins, nous en reparlerons plus loin.

Pour le moment, concentrons-nous sur la façon de trouver la fréquence de ce que vous désirez réellement.

Lorsque j'ai commencé à jouer pour la première fois avec les rêves lucides pour m'aider à visualiser, j'ai découvert que certaines des choses que je *pensais* vouloir visualiser ne parvenaient pas à apparaître dans mes rêves. Je n'arrivais pas à les matérialiser pendant mon sommeil. J'ai fini par me rendre compte que je n'en voulais pas vraiment. Je n'avais pas encore découvert la véritable essence de ce que je désirais projeter – le sentiment sous-jacent, ou la fréquence, d'avoir la chose que je pensais vouloir.

Par exemple, j'ai essayé de rêver qu'une de mes vidéos sur TikTok devenait virale, mais je n'y suis pas parvenue. Pourquoi ? Parce qu'avoir une vidéo virale sur TikTok n'est pas ce que je désire sincèrement dans la vie. Ce que je désire réellement est d'avoir des millions de lecteurs à travers le monde, de toucher des millions de personnes avec mes romans d'amour et mes coachings sur l'abondance. Une vidéo virale sur TikTok constituait le moyen dont je *croyais* avoir besoin. Je m'inquiétais sur le *comment* et pas sur l'*essence* de mon désir.

Une fois ceci identifié, j'ai décidé d'avoir pour intention de toucher les cœurs et les vies de millions de personnes. Cette nuit-là, j'ai rêvé que j'étais derrière le pupitre des Grammy Awards – un signe que je voulais être *vue* et que mon énergie était bien alignée avec le fait de toucher des millions de personnes !

Dans son livre *Playing the Matrix*, Mike Dooley aborde l'inquiétude qui nous saisit souvent à propos du *comment* dans le cadre de nos visualisations. C'est à l'univers qu'il revient de trouver comment nous apporter ce que nous lui demandons. Quant à nous, notre tâche est simple : demander le résultat final.

Ainsi, dans l'exemple que je donne à propos de la vidéo sur TikTok, cette dernière ne constituait pas le résultat final que je désirais, mais simplement le moyen que mon cerveau avait choisi pour atteindre mon but.

Le premier outil, « trouver la fréquence », consiste donc à réfléchir à l'objet précis de votre désir, trouver la fréquence sous-jacente et le sentiment que vous souhaitez obtenir. Votre subconscient et l'univers se chargeront du reste afin de vous l'apporter via le chemin le plus court et offrant le moins de résistance.

FABRIQUEZ VOTRE AVENIR : QU'EST-CE QUI VOUS ANIME RÉELLEMENT ?

J'ai choisi le verbe *fabriquer* pour une bonne raison. Vous remarquerez que je n'ai pas appelé cette section « rêvez votre avenir », ou encore « imaginez votre avenir » – bien que l'usage des rêves et de l'imagination soit inclus dans cette étape.

Néanmoins, la croyance sincère en le fait que ***vous êtes véritablement la personne qui fabriquera votre avenir est impérative.*** Oui, vous activerez bientôt des mécanismes quantiques, et l'univers vous apportera un soutien énergétique, mais il en sera ainsi uniquement car vous fabriquerez activement, et avec la plus grande intention, la vie que vous désirez.

Je prends la peine de vous le faire remarquer, car nous pouvons parfois adopter un rôle trop passif dans la visualisation. Nous envoyons un souhait assez général à l'univers et attendons ensuite de voir ce qui arrivera dans notre boîte aux lettres. Si le résultat n'est pas à la hauteur de nos espérances, nous haussons simplement les épaules en disant : « J'imagine que c'était le destin. »

Mais tout l'intérêt du libre arbitre réside dans le fait que nous avons le choix. Nous avons la possibilité de modeler nos vies à notre convenance. Nous ne sommes pas de simples passagers sur le trajet que l'univers veut nous faire prendre. Nous effectuons une demande, voyons si le résultat nous plaît et modifions éventuellement quelques détails pour la prochaine requête. La vie et la création sont des processus itératifs – des jeux d'actions et de réactions.

Il existe plusieurs bénéfices psychologiques reconnus dans la croyance en notre libre arbitre. Selon le magazine américain *The Atlantic* : « Il a été démontré que les individus considérant le libre arbitre comme une illusion sont moins créatifs et plus enclins à se conformer à leur environnement. Ils tendent également à moins vouloir apprendre de leurs erreurs et éprouvent moins de gratitude envers autrui. »[1]

L'univers nous donnera tout ce que nous lui demandons. Ma co-auteure, Lee Savino, aime à penser que l'univers est un *sugar daddy* : toujours prêt à nous gâter et à satisfaire nos envies les plus folles.

À chaque instant, vous envoyez des commandes à l'univers – inconsciemment ou non. La fréquence à laquelle vous vous ajustez deviendra votre réalité.

Je sais que tout ceci vous semble sans doute bien trop ésotérique, mais ne vous inquiétez pas. Tout deviendra plus clair à mesure que nous plongerons dans les différents exercices que je vous ai concoctés.

Trouvez la fréquence de ce que vous désirez – votre véritable *pourquoi*.

Trouver votre *pourquoi* dans ce que vous cherchez à visualiser ou à attirer est capital. **Bien souvent, les projections sont ralenties, car l'objet de votre désir ne constitue pas la véritable essence de ce qui vous anime.**

La clé est de creuser dans l'énergie de la chose que vous voulez – ou du sentiment que vous pensez ressentir en l'obtenant.

Par exemple, il est possible que vous croyiez vouloir plus d'argent ou être riche, mais c'est autre chose – une énergie que vous associez à la richesse – que vous désirez créer. Il est possible que vous vouliez éprouver ce sentiment de soulagement ou de liberté qui accompagne la vie passée sans se

---

1. *The Atlantic*, « There's no such thing as free will », Stephen Cave, États-Unis, juin 2006. https://www.theatlantic.com/magazine/archive/2016/06/theres-no-such-thing-as-free-will/480750/

soucier de vos dépenses – même en cas d'accidents. Vous pourriez peut-être vouloir le sentiment de pouvoir voyager partout dans le monde quand vous le désirez. Ou bien vous voudriez aider votre famille ou vos amis en cas de pépins financiers.

J'ai fini par comprendre que l'argent n'était pas réellement ce que je recherchais lorsque j'ai entrepris de générer des revenus à sept chiffres en tant qu'auteure. J'ai réalisé que je ne voulais pas recevoir un million de dollars en gagnant à la loterie. Cela avait l'air fade à mon goût. Bien entendu, je n'aurais pas *refusé* une telle manne financière, mais j'aurais tout de même continué à chercher ce million de dollars grâce à la vente de mes romans.

Vous voyez donc que mon *pourquoi* n'était pas vraiment l'argent. À mes yeux, cet argent représentait autre chose : la preuve que mes livres étaient assez bons. La preuve que j'avais du succès. La preuve ultime que j'étais une *vraie* auteure, même si je ne passais pas par une maison d'édition.

Je ne dis pas que j'avais tort de désirer toutes ces choses ; après tout, elles ont agi comme une source très forte de motivation, qui m'a poussée vers ce million de dollars. Mais savoir que mon but était en réalité le *succès* m'a aidée à attirer cette énergie (et, bien sûr, l'argent a suivi).

Voilà la magie contenue dans la connaissance de votre véritable *pourquoi*. Dans mon cas, il était question de sentir que je méritais ma carrière, que mes livres étaient bons et que je n'étais pas un imposteur. Bien entendu, toutes ces choses ne coûtent rien. J'aurais pu les avoir immédiatement en changeant d'état d'esprit.

Cependant, cela ne signifie pas que j'avais simplement besoin de visualiser le bon thérapeute, et pas un million de dollars. C'est plutôt cette découverte qui m'a montré les énergies que je devais intégrer afin de m'aligner avec ce niveau de revenus. Commencer à croire que je méritais la vie que je voulais, que mes romans méritaient d'être lus, et célébrer le succès que j'avais déjà au lieu de le dévaloriser (toutes ces étapes font part de mon premier livre de non-fiction, *Écrivez votre réussite*), est ce qui m'a permis de matérialiser ces revenus.

À mesure que j'ai commencé à résonner avec ce sentiment de mérite, je me suis tout de même accrochée à cet objectif d'un million de dollars.

Ce n'est pas comme si je m'étais levée un matin en disant : « Bon, maintenant que j'ai l'impression de mériter mon succès, je n'ai plus besoin de gagner un million par an avec mes romans. » Pas du tout. Mais j'ai commencé à ne plus avoir autant *besoin* de ce but ostentatoire pour reconnaître ma valeur. Même si je n'en ai plus besoin aujourd'hui, je me suis alignée avec ses vibrations et je l'attire donc toujours – avec beaucoup plus d'aisance.

Voilà toute l'ironie de la projection : vous *devenez* la vibration ou la fréquence de votre but. En un sens, vous l'avez déjà atteint, vous possédez l'objet de vos désirs – et n'en avez donc plus besoin. Ce n'est qu'à partir de ce moment que la magie peut se produire. **C'est ce besoin, ou ce manque, qui peut entraver et ralentir votre visualisation.**

Nul besoin d'être un expert. Ne croyez pas devoir devenir un moine qui passe ses journées assis en méditant sur la bonne fréquence à atteindre. L'amélioration de l'image que vous avez de vous-même est un processus constant. Dans mon cas, j'ai atteint le million de dollars bien avant de soigner ma *dépendance émotionnelle*. (Enfin, est-on jamais guéri de ce genre de maux ?) Ce livre et le processus qui y est décrit ont pour but de vous faire aimer et intégrer ces parties de vous-même, car c'est cela qui nous rend véritablement puissants.

Je suis une auteure millionnaire depuis plus de cinq ans et j'apprends encore à y croire en m'autorisant à ressentir et à accepter mon succès – à voir que j'ai de la valeur, tout comme mes livres. Je remarque également que ce but est devenu une sorte de normalité dans ma vie. J'avais voulu atteindre le million par an pendant huit ans avant d'y parvenir et je réalise désormais qu'il est temps de placer la barre plus haut. Non pas car j'ai besoin de davantage d'argent, mais car l'art de la création, de projeter une chose nouvelle, constitue l'expression joyeuse de mon être – tout autant que l'écriture, la décoration ou la préparation d'un fabuleux repas.

LA BAGUETTE MAGIQUE

Nous sommes parfois coincés par nos croyances en ce qu'il est possible de réaliser, ou par nos inquiétudes quant à la manière dont nous matérialiserons notre avenir, et cela limite l'étendue de notre vision. J'ai découvert que l'une des façons les plus simples de sortir de ce genre de blocage mental est d'utiliser une baguette magique. Non, pas une vraie baguette, sauf si c'est votre truc.

Néanmoins, imaginez-vous en possession d'une baguette magique qui vous permet de changer votre réalité en un seul mouvement de la main. Vous pourriez transformer des souris en valets, une citrouille en carrosse et des torchons en une sublime robe de soirée.

Lorsque je suis coincée dans la résolution d'un problème et que je n'aime pas les solutions qui s'offrent à moi, je me demande : « **Si j'avais une baguette magique, qu'est-ce que je demanderais ?** »

La baguette magique nous permet de voir au-delà des limites que notre esprit nous impose en fonction de notre réalité du moment. C'est un peu comme faire face à un mur au fond d'une ruelle : vous ne pouvez qu'escalader le mur, ou faire demi-tour. Mais si vous aviez une baguette magique, vous pourriez tout simplement changer cette ruelle en une magnifique plage de sable fin.

Une baguette magique n'a pas besoin d'une solution logique pour résoudre un problème. Elle se fiche du passé et de ce que vous pensez être les seules options disponibles. Plus important encore, **une baguette magique vous permet d'outrepasser toutes les étapes intermédiaires entre votre situation de départ et le résultat désiré.**

Disons que vous vous trouvez dans un mariage qui ne vous convient pas, mais que votre situation financière ne vous permet pas vraiment de partir. Quoi que vous fassiez, vous perdez au change. Vous pourriez penser que la situation se résume à choisir entre la tranquillité d'esprit et l'argent et que, dans tous les cas, le bonheur ne serait pas franchement au rendez-vous. Aucune de ces options n'est la bonne ni ne reflète ce que vous désirez réellement.

Mais si vous aviez une baguette magique, que demanderiez-vous ?

Immédiatement, de nouvelles possibilités s'ouvrent à vous. Vous pourriez demander que le mariage se termine facilement, ou encore demander de l'argent et un sentiment de sécurité. Peut-être vous imaginerez-vous avec un nouveau partenaire, au sein d'une relation épanouissante, ou simplement divorcé(e), en bon terme avec votre ex, menant vos vies chacun de votre côté avec les ressources dont vous avez besoin.

Vous remarquerez probablement la légèreté des propositions que la baguette magique formule, en comparaison avec les deux premières. Elles comportaient le sentiment d'être coincé ; elles étaient lourdes de conséquences. La baguette magique, quant à elle, nous procure des solutions plus complètes et plus harmonieuses pour toutes les parties impliquées. Un nombre infini de possibilités s'ouvrent alors à nous, et cette requête est portée à l'univers.

Vous avez désormais en votre possession des idées dites « génératives », qui sont gagnant-gagnant.

Bien entendu, vous pourriez croire que de tels dénouements sont farfelus dans votre situation actuelle, mais c'est toute la magie de l'exercice. Vous n'avez pas besoin de vous creuser la tête et de réfléchir à la façon dont le résultat pourrait se concrétiser car, rappelez-vous, vous avez une baguette magique !

EXERCICE D'ÉCRITURE LIBRE

À travers ce programme, nous utiliserons l'écriture libre comme point d'accès à votre savoir intérieur. Si vous n'avez jamais pratiqué ce petit exercice, voici les principes de base :

- Gardez toujours votre stylo en mouvement sur la page et ne laissez pas votre esprit vous ralentir dans vos réponses.
- Ne réfléchissez pas, écrivez.
- Écrivez la première réponse qui vous vient à l'esprit. Vous aurez parfois l'impression d'écrire avant même de connaître la réponse.
- Écrivez jusqu'à ce que plus rien ne vous vienne pour chaque question, puis passez à la suivante.

Dans cet exercice, vous accédez à votre subconscient – ou intuition – pour trouver les réponses. N'essayez pas d'écrire la *bonne* réponse ni de réfléchir avec la partie rationnelle de votre cerveau, celle qui limite votre champ du possible. Au lieu de cela, utilisez votre perception et votre savoir inné tout en leur donnant l'occasion de s'exprimer sur la page – et dans votre conscience.

Si vous fatiguez ou vous sentez épuisé(e), faites une pause et reprenez plus tard. Il est parfois difficile pour le système nerveux d'absorber l'expression de notre être véritable. Après tout, vous amenez le subconscient – c'est-à-dire le savoir auquel vous résistez dans votre vie – à la lumière de votre esprit conscient. Nous faisons tous l'autruche quant à certains aspects de notre vie, et cet exercice les fera sortir de l'ombre. Vous vous dirigez en ce moment même vers une existence où vous incarnerez et vivrez la clarté, ce qui se traduira par l'abondance si vous choisissez de la recevoir. La richesse pourra devenir votre quotidien lorsque vous serez pleinement intégré(e).

PRENEZ VOTRE JOURNAL dédié à *Réussir sans peine* et votre stylo. Imaginez-vous en possession d'une baguette magique que vous aurez déjà agitée en demandant la venue d'un avenir parfait. Pensez à tous les aspects suivants de votre existence : votre vie amoureuse, vos finances, votre emploi, votre vie sociale, vos activités, votre foyer, vos voyages, vos expériences de vie et votre corps. Écrivez librement sur ce à quoi un avenir sans limite pourrait ressembler grâce à votre baguette magique.

RELATIONS

- Qui est dans votre vie et que faites-vous ensemble ?
- Comment vous sentez-vous dans vos relations ?

- Que changeriez-vous d'un coup de baguette magique dans vos relations actuelles ?

Finances

- Combien avez-vous sur votre compte en banque ?
- Combien gagnez-vous par mois ? Par an ?
- Que faites-vous avec l'argent que vous économisez ?
- Comment vous faites-vous plaisir ?
- Comment c'est, d'être riche ? À quoi ressemble votre journée type ?

Emploi/occupation

- Que faites-vous chaque jour ?
- Comment votre travail est-il perçu par les autres ou le reste du monde ?

Vie sociale/activités

- Que faites-vous pour vous amuser ?
- Quelles nouvelles expériences sont disponibles pour vous ?
- Voyagez-vous ? Si oui, où ?
- Avec qui passez-vous du temps ?
- À quoi ressemble votre temps libre ? Comment vous fait-il sentir ?

Foyer

- À quoi ressemble votre maison ?
- Où vivez-vous ?
- Quelle est la vue depuis votre fenêtre ?
- Avec quel luxe vous entourez-vous ?
- Vous sentez-vous à l'aise ? (Quel *sentiment* vous procure votre maison de rêve ?)

Corps

Comment vous sentez-vous dans votre corps ?

- Êtes-vous fort(e) et agile, plein(e) de vie et de bien-être ?
- Votre poids est-il équilibré à vos yeux ?
- De quoi avez-vous l'air ?
- Comment vous sentez-vous lorsque vous entrez quelque part avec votre corps magnifique ?

LES SOUHAITS SONT INTARISSABLES

Contrairement au génie qui ne vous accordera que trois vœux, vos demandes sont infinies. Une infinité de possibilités sont à votre disposition, vous vous souvenez ? Voilà comment fonctionne l'univers : vous avez accès à toutes les énergies et à toutes les fréquences possibles. Une infinité de possibilités à portée de main – la seule limite étant votre imagination.

Inutile de réfléchir à trois vœux parfaits. L'univers n'est pas malicieux et ne cherche pas à vous piéger comme ce génie. Nul besoin de faire *attention* à ce que vous souhaitez. Il n'y a pas de justice cosmique qui vous contraint au malheur chaque fois que vous goûtez au bonheur.

Récemment, j'ai commencé à réagencer ma maison en déplaçant des meubles et en me débarrassant du vieux pour faire de la place au neuf. Ce faisant, j'ai réalisé que je me sentais coupable de vouloir changer la décoration. Comme si, puisque j'avais un jour décidé que je voulais transformer ma maison et que mes amis ou mon ex m'avaient aidée, vouloir tout changer signifiait une sorte d'ingratitude envers l'aide apportée. J'ai remarqué que j'éprouvais même le besoin de présenter mes excuses à l'homme à tout faire que j'avais engagé à l'époque !

Il peut se produire la même chose dans le cadre de la visualisation. Vous effectuez une requête à l'univers, et le résultat n'est pas exactement celui que vous désiriez – ou ne vous fait pas vous sentir comme vous l'aviez espéré.

Vous n'avez pas commis une erreur. Vous ne venez pas de gâcher un vœu devant un génie diabolique. Il s'agit en réalité de la joie de la création. Lorsqu'un sculpteur dévoile une forme de son matériau, le processus demande des ajustements à chaque coup de burin. L'artiste ne recule pas pour regarder son œuvre et dire : « Eh bien, je n'ai pas réussi à avoir le résultat que je voulais… direction la poubelle. » Non, il continue à affiner les courbes de sa sculpture jusqu'à atteindre la vision qu'il en avait eue dans son esprit.

Il n'y a pas de mauvaise façon de faire. Chaque requête est une itération qui vous donne un retour et des informations pour que vous puissiez affiner vos prochaines demandes. Ces itérations sont nécessaires afin que vous continuiez à imaginer quelque de chose de mieux, de plus satisfaisant et de plus beau pour votre vie.

Rien de tel que de croire que vous vous y prenez mal, que vous devez faire attention à la teneur de vos souhaits, ou que vous n'êtes pas doué(e), pour réduire à néant vos possibilités créatrices.

Si vous avez déjà écouté Abraham-Hicks, vous savez qu'ils disent toujours : « Impossible de se tromper, et l'aventure ne se termine jamais. » Rappelez-vous-en quand il sera temps pour vous de débuter une nouvelle itération dans votre requête.

CONTRASTE ET CLARTÉ

Il y a un an, j'ai embarqué dans la quête d'une nouvelle relation amoureuse. Après mon divorce, je me suis recentrée sur moi-même pendant plusieurs années, mais j'ai décidé qu'il était temps de sortir de ma coquille et de fréquenter à nouveau des hommes. Comme toute personne ayant de l'expérience dans le domaine de la projection, j'ai formulé une demande claire. J'ai dressé une liste des qualités que je voulais chez un partenaire. J'ai également imaginé ce que serait ma vie à ses côtés.

On dit souvent que nous cherchons des relations pour grandir, et j'ai assurément découvert la véracité de cette théorie. Fréquenter des hommes a fait remonter à la surface tant d'aspects de l'image que j'avais de moi-même – et que je n'avais pas pu examiner lorsque j'étais occupée à visualiser mes millions en tant qu'auteure. J'avais conquis le manque de mérite qui me rongeait dans ma carrière, mais je ne m'étais pas rendu compte qu'il était encore très présent dans ma vie amoureuse.

Toutes mes tentatives pour trouver un nouveau partenaire étaient géniales, mais mon niveau d'anxiété a crevé le plafond. Mon « syndrome de la gentille fille », comme je l'appelle, c'est-à-dire ma volonté de toujours plaire à l'autre et ma capacité à pouvoir me caler énergétiquement sur autrui me rendaient complètement terrifiée à l'idée de blesser quiconque. J'avais horreur de dire : « Non, tu n'es pas le bon pour moi. » alors qu'ils étaient tous si agréables, séduisants et gentils.

Puis, j'ai trouvé *le bon*. Du moins, c'est ce que je pensais. Il correspondait parfaitement à ma liste et – à son grand avantage – il est apparu comme l'un des héros de mes romans d'amour. Il était sexy, romantique, dominant, spirituel, gentil et attentionné. En clair, tout ce que je voulais.

Mais les héros de mes romans sont également possessifs et jaloux. J'adore écrire mes histoires d'amour avec une certaine dynamique ou une différence de pouvoir. Ainsi, la jeune héroïne tout droit sortie de l'université se retrouve confrontée à un patron milliardaire, ou une héroïne désespérée au bord de la ruine fait face à un puissant et dangereux parrain de la mafia.

Ne vous inquiétez pas, mon partenaire ne faisait pas part de cette dernière catégorie. Néanmoins, cette énergie que j'adorais explorer dans mes romans était si présente dans mon subconscient que j'ai adopté malgré moi le rôle de l'héroïne sans défense. Je me suis montrée soumise et me suis dévaluée en faisant de mon partenaire un homme plus vieux, plus sage, plus riche, avec plus de vécu et meilleur que moi.

J'avais déjà compris que les histoires que j'écrivais constituaient un moyen pour moi de guérir de ces sentiments d'abandon, de rejet et de manque de valeur au sein d'une relation amoureuse. Voilà pourquoi j'adorais écrire à propos de couples scellés par le destin dans des histoires paranormales où le féroce loup-garou revendique sa femelle pour la vie. J'adorais le parrain de la mafia, typiquement jaloux et hyperpossessif, qui préférerait réduire le monde entier en cendres plutôt que de voir sa femme le quitter.

Vous avez peut-être déjà entendu la citation hermétique : « L'intérieur est comme l'extérieur. » L'idée est que ce à quoi nous pensons (l'intérieur) est ce que nous voyons ou créons dans notre réalité (l'extérieur). Même si je donnais tout ce que j'avais à donner, mon partenaire ne semblait jamais en avoir assez. Il me consumait.

C'est assez excitant dans un roman, mais dans la vraie vie ? Pas vraiment.

Puisque je n'avais pas l'impression d'avoir assez de valeur dans ma relation, cela s'est manifesté. Mon partenaire a trouvé que je ne le satisfaisais pas sur de nombreux tableaux et était constamment en colère.

Je n'ai pas tardé à réaliser qu'il n'était pas *le bon*, après tout.

Mais je n'en ai pas conclu que je devais faire *attention* à ce que je souhaitais. Je ne me suis pas inquiétée quant à une erreur que j'aurais commise dans ma projection. Je ne me suis pas dit que j'aurais dû être plus spécifique, ni que l'univers cherchait à se foutre de moi.

Comme le dit souvent Abraham-Hicks, le contraste est nécessaire à l'expansion. J'ai imaginé une relation qui a généré un apport massif d'informations sur moi-même, des informations auxquelles j'ai dû faire face et que j'ai dû trier en utilisant les outils présents dans ce livre. Toutes ces parts d'ombre avec lesquelles je ne m'étais pas réconciliée sont remontées à la surface pour être explorées et examinées. J'ai compris que jouer les petites filles fragiles et sans défense avec un homme n'était rien d'autre que cela : jouer. Du cinéma. Il s'agissait de quelque chose que j'avais choisi et que j'appréciais à un certain niveau – y compris les énergies de rejet, de solitude et d'impuissance. Pourquoi ? Eh bien, ce n'était évidemment pas un acte conscient. Mais mon subconscient était puissamment aligné avec ces énergies ; elles ne seraient pas apparues dans le cas contraire. L'intérieur est comme l'extérieur, vous vous souvenez ?

Dans *Existential Kink*, l'excellent livre du Dr Carolyn Elliot, cette dernière part du postulat qu'il est possible que nous appréciions la lutte et le rejet à un certain degré. Nous sommes peut-être tous un peu pervers, au fond. Les masochistes adorent se faire punir, après tout.

La vérité est que nous disposons tous d'une puissance créatrice. Nous avons accès à toutes les énergies disponibles sur la Terre et pouvons changer ou créer d'un seul claquement de doigts, en un clin d'œil.

Ainsi, ma visualisation d'une relation de six mois qui a échoué n'était pas un échec en elle-même. Elle a créé un tel développement dans la vision que j'avais de moi-même et ma vie. Je dispose désormais du contraste et de la clarté pour manifester ma prochaine relation.

JEUX À LA MAISON

Remarque : j'ai appelé cette section « *jeux* à la maison », et non pas « *devoirs* à la maison » pour une bonne raison. N'oubliez pas que rien de tout cela n'est nécessaire. Il ne s'agit que d'une occasion d'accéder à plus de ressources et d'approfondir votre compréhension des outils.

1. Cette semaine, mettez en pratique votre routine sacrée chaque soir.
2. Gardez votre journal près de votre lit et inscrivez-y tous les rêves que vous avez eus dans la nuit à votre réveil. Nous en reparlerons dans l'outil n° 4, mais je veux que cela devienne une habitude. Si vous ne vous souvenez pas de vos rêves, prenez les cinq premières minutes de votre réveil pour documenter vos intentions pour la journée ou les réponses à l'exercice d'écriture libre de ce chapitre.
3. Pour que vous n'ayez pas à le chercher, revoici l'exercice d'écriture libre de la baguette magique :

. . .

IMAGINEZ-VOUS EN POSSESSION d'une baguette magique que vous aurez déjà agitée en demandant la venue d'un avenir parfait. Pensez à tous les aspects suivants de votre existence : votre vie amoureuse, vos finances, votre emploi, votre vie sociale, vos activités, votre foyer, vos voyages et vos expériences de vie, votre corps. Écrivez librement sur ce à quoi un avenir sans limite pourrait ressembler grâce à votre baguette magique.

Relations

- Qui est dans votre vie et que faites-vous ensemble ?
- Comment vous sentez-vous dans vos relations ?
- Que changeriez-vous d'un coup de baguette magique dans vos relations actuelles ?

Finances

- Combien avez-vous sur votre compte en banque ?
- Combien gagnez-vous par mois ? Par an ?
- Que faites-vous avec l'argent que vous économisez ?
- Comment vous faites-vous plaisir ?
- Comment c'est, d'être riche ? À quoi ressemble votre journée type ?

Emploi/occupation

- Que faites-vous chaque jour ?
- Comment votre travail est-il perçu par les autres ou le reste du monde ?

Vie sociale/activités

- Que faites-vous pour vous amuser ?
- Quelles nouvelles expériences sont disponibles pour vous ?
- Voyagez-vous ? Si oui, où ?
- Avec qui passez-vous du temps ?
- À quoi ressemble votre temps libre ? Comment vous fait-il sentir ?

Foyer

- À quoi ressemble votre maison ?
- Où vivez-vous ?
- Quelle est la vue depuis votre fenêtre ?
- Avec quel luxe vous entourez-vous ?
- Vous sentez-vous à l'aise ? (Quel *sentiment* vous procure votre maison de rêve ?)

Corps

- Comment vous sentez-vous dans votre corps ?

- Êtes-vous fort(e) et agile, plein(e) de vie et de bien-être ?
- Votre poids est-il équilibré à vos yeux ?
- De quoi avez-vous l'air ?
- Comment vous sentez-vous lorsque vous entrez quelque part avec votre corps magnifique ?

OUTIL N° 2

Défaire le manque de mérite

CHAPITRE QUATRE

L'un des plus gros blocages à la création (et à la joie) est le manque de mérite : lorsque nous ne sommes pas certains de *mériter* ce que nous demandons au plus profond de nous-mêmes.

- Vous êtes peut-être artiste ou écrivain, et vous n'êtes pas sûr(e) que votre travail est assez bon. Vous ne savez pas si vous avez le talent requis pour générer des millions grâce à votre art.
- Ou bien êtes-vous chef(fe) d'entreprise et croyez devoir suer sang et eau pendant un certain nombre d'années avant de pouvoir goûter au succès ou de vendre vos produits en quantité.
- Vous pourriez être coach ou influenceur(se) et pensez qu'il vous faut cinquante mille abonnés avant de *percer*.
- Vous pourriez avoir la sensation que si vous n'avez pas à travailler dur pour atteindre le succès, que si vous ne vous êtes pas donné(e) à fond, alors le résultat ne compte pas ou n'est pas mérité.

Après tout, il serait vraiment horrible que le succès vous tombe tout droit dans le creux de la main, n'est-ce pas ?

Je vous taquine, mais la plupart d'entre nous ont ce blocage mental.

Je crois que, bien souvent, il nous faut revenir au premier outil et trouver la fréquence. Vous ne regardez pas au bon endroit ; le résultat que vous cherchez à projeter n'est en réalité que la validation extérieure qui montrera que vous avez réussi, que vous avez de la valeur et que vous méritez votre vie.

Voilà tout le paradoxe de la projection. Nous devons avoir le sentiment de mériter ce que nous demandons, mais nous essayons en même temps de le visualiser pour prouver notre valeur – valeur que nous devons ressentir pour projeter ce que nous voulons. Vous voyez où se situe le blocage ? Le serpent se mord la queue.

Durant mes jeunes années en tant qu'auteure, j'avais besoin de figurer dans la liste des best-sellers du quotidien *USA Today*, de gagner des sommes à six, puis à sept chiffres chaque année afin de prouver au reste du monde – moi y compris – que j'avais du talent, que j'étais une *vraie* auteure, et non l'imposteur que je craignais d'être en raison de mon domaine de prédilection – les romans érotiques.

Cela a fonctionné. Projeter sur la base d'un sentiment de besoin ou de manque peut absolument fonctionner. Ce sentiment a procuré assez de motivation et d'énergie à ma demande afin que je puisse attirer ce puissant désir dans ma vie.

Mais le sentiment de ne pas mériter ce que l'on demande bloque toute réception, ce qui peut ralentir le processus ou réduire nos résultats.

LA VALEUR NOUS PERMET DE VOIR LES OPPORTUNITÉS

Revenons à la recherche de votre fréquence et de l'énergie que vous désirez, ce qui vous permet de vibrer avec elles en ce moment, avant même d'attirer la visualisation dans votre vie. L'ironie du premier outil est que, lorsque vous incarnez la fréquence de ce que vous désirez, vous n'avez plus *besoin* de ce que vous pensiez vouloir.

Ce qui ne veut pas dire que vous ne devriez pas le projeter. **Toutes les créations et toutes les projections ont de la valeur, car *vous* en avez également.**

Je suis toujours en train de visualiser mon succès en tant qu'auteure. Je vise encore plus haut : adapter mes livres en films, atteindre la liste des best-sellers du *New York Times* et gagner dix millions de dollars par an. Plus je crois mériter toutes ces choses, plus ma volonté d'incarner l'énergie nécessaire pour y arriver est grande.

Il y a deux ans, j'ai rencontré une femme dont le gendre était acteur pour des séries télévisées. Elle savait que j'écrivais, et j'ai mentionné que j'espérais un jour voir une de mes histoires sur le petit écran. Elle m'a donc proposé de transmettre un de mes romans à son gendre. Apparemment, ses producteurs étaient ouverts à de nouveaux projets.

J'ai refusé cette offre généreuse, non pas car je la pensais farfelue ou stérile, mais parce que je ne pensais pas la mériter.

L'univers m'a envoyé un cadeau, et je l'ai évité. (Bruits de trombone tristounet.) À l'époque, lorsqu'on me parlait de cette idée de faire de mes œuvres des productions télévisées ou lorsque j'y pensais, je répétais : « Je ne sais pas si j'ai écrit le bon livre pour le moment. » Mon perfectionnisme – ou mon syndrome de l'imposteur – prenait le dessus. Je croyais que j'écrirais *un jour* ce grand opus qui ferait fureur dans le monde entier et deviendrait évidemment un film ou une série.

Même si je nourrissais l'immense désir de voir mes livres adaptés à la télévision, je ne croyais pas qu'un seul roman parmi la centaine que j'avais écrite avait le potentiel d'y arriver. Cela peut être vrai ou non, mais je ne le découvrirai pas et ne pourrai pas évoluer si je ne m'autorise pas à y croire aujourd'hui. On n'écrit pas un grand opus sans d'abord partir d'une feuille blanche.

Voir l'une de mes œuvres adaptées dans un autre format demande la volonté de suivre les opportunités que l'univers m'envoie, mais je n'étais pas encore prête. Je me trouvais encore dans la phase du souhait sans avoir le sentiment de mérite nécessaire. Une autre auteure m'a dit qu'elle avait simplement envoyé un email à un réalisateur de films étranger qu'elle adorait, spécialisé dans les histoires d'amour torrides, pour lui proposer un de ses romans. Elle a ensuite signé un contrat avec lui. Grâce à un seul petit email !

Hélas, cette histoire ne m'a pas poussée à l'action. J'ai continué à me répéter que je n'avais pas encore écrit le bon livre.

Nous voilà maintenant cette année, lorsqu'un ami m'a fait retrouver cette femme qui m'a de nouveau proposé de montrer l'un de mes romans à son gendre. À ce moment-là, j'avais déjà travaillé sur mes blocages. Je suis prête à recevoir. En fait, j'avais totalement oublié sa première proposition. Impossible de m'en souvenir tant mon rejet avait été puissant. Mais, cette fois, je lui ai envoyé quelques-uns de mes romans avec une note. Elle m'a répondu plus tard que son gendre avait transmis le tout à un producteur.

Il est peut-être vrai que je n'ai pas encore écrit le parfait roman à adapter pour le petit écran, mais j'ai aujourd'hui la volonté de tenter ma chance. Je suis prête à démarrer ce processus, à me constituer un réseau, à envoyer mes livres pour une évaluation. Je suis désormais prête à contacter des scénaristes en quête de conseils, à m'inscrire à des cours spécialisés et à vendre mes histoires à des producteurs. Je suis prête à faire tout ce qu'il faut pour que mon rêve se réalise.

À mesure que j'adopte ce nouvel état d'esprit, je trouve que j'approche l'écriture sous une nouvelle lumière. Je réfléchis désormais à ce qu'une scène pourrait avoir l'air à l'écran, comment minimiser les pensées internes des personnages tout en ajoutant davantage de dialogues, comment finir mes scènes de façon que mes lecteurs ne puissent s'empêcher de tourner les pages.

Je sais que ma première itération n'a pas besoin d'être parfaite, ni d'être mon plus grand roman. En réalité, je pense avoir de nombreuses histoires pouvant être adaptées en séries. Cela constituera un processus d'apprentissage et de croissance. J'écris des livres qui sont pensés pour être adaptés, car je pense comme une auteure qui croit que ses livres deviendront un scénario. Vous voyez comment mon alignement avec cette nouvelle fréquence influence qui je suis, ce que je fais et ce que j'écris ? Comme le disait Henry Ford : « Que vous pensiez pouvoir accomplir une tâche ou ne pas pouvoir l'accomplir, vous avez, dans les deux cas, raison. »

À QUEL POINT LE MANQUE DE MÉRITE VOUS EMPÊCHE-T-IL DE CRÉER ?

Bien souvent, nous n'allons pas au bout de nos projets, car nous craignons que notre travail ne suffise pas ou que nous ne méritons pas de les faire découvrir au monde. À cela, je veux vous rappeler le tiercé gagnant des films qui n'auraient peut-être jamais dû connaître le succès : *Twilight*, *Cinquante Nuances de Grey* et *Sharknado*. Ils ont tous captivé leurs audiences et attiré une abondance folle sans être considérés comme des chefs-d'œuvre. Il existe de nombreux autres livres, films et séries connaissant un énorme succès tout en étant démolis par la critique.

Je ne suis pas en train de débattre sur le fait que votre travail ou ces séries populaires aient du mérite ou non. Je crois qu'il existe une place et une audience pour toutes les créations. Je sais que l'amour est un superpouvoir et que, si vous aimez votre contenu, quelqu'un d'autre l'aimera aussi. **Vous l'avez créé et, par conséquent, il a de la valeur.**

Voilà la nature de la création : quelqu'un pourrait émettre une critique cinglante à propos de quelque chose qu'un autre adore. Votre œuvre ne plaira pas à tout le monde, ce qui ne diminue en rien sa valeur.

J'ai entendu d'innombrables auteurs raconter qu'ils ont commencé à écrire après avoir lu *Twilight* ou l'une de ses fanfictions les plus populaires – *Cinquante Nuances de Grey* –, car ils avaient eu le sentiment de pouvoir écrire une meilleure histoire, sinon de qualité équivalente. Et même si vous ne faites pas aussi bien que les autres (en termes de technique pure), votre travail pourrait inspirer autrui. Il est impossible de prédire l'impact qu'aura votre création sur le monde.

Lorsque je réfléchissais à créer mes premiers cours et que je doutais de ma capacité à le faire *correctement*, j'avais toute une myriade de raisons qui me poussaient à croire que je ne méritais pas d'enseigner quoi que ce soit à quiconque. Je n'étais pas à l'aise à l'idée de me filmer, je ne savais pas comment monter mes vidéos après les avoir produites, je n'avais jamais utilisé la plateforme *Teachable* auparavant et le plus grand des doutes me rongeait l'estomac : qui étais-je pour prétendre enseigner ? La liste de ces limitations était sans fin.

Ce qui m'a aidée à croire que j'avais de la valeur ou, du moins, que j'étais capable de mener ce projet à bien, était de me souvenir des nombreux cours en ligne que j'avais suivis. Ces coachs gagnaient des millions avec des vidéos filmées dans leurs voitures ou dans leurs garages avec leurs téléphones. Le contenu des cours était d'ailleurs souvent un condensé de webinaires gratuits qu'ils diffusaient sur YouTube.

Je n'avais pas besoin d'être parfaite ni de faire les choses *correctement*. Le but de l'opération était de transmettre mon travail au reste du monde. J'avais un message, et je voulais le partager.

Lorsque vous vous empêchez de montrer votre travail aux yeux du monde ou lorsque vous vous lancez dans un brouillard de doutes et de crainte, il ne va pas se produire de miracles.

Au début de la vingtaine, mon thérapeute m'a partagé une étude sur le perfectionnisme. Cette étude – focalisée sur la recherche académique – a révélé que les perfectionnistes n'arrivaient jamais à rien, car ils retardaient sans cesse la sortie de leurs publications, là où leurs collègues de moindres talents recevaient des éloges, car ils ne s'empêchaient pas de soumettre leurs travaux ni de demander des promotions, ou fonds supplémentaires pour leurs recherches.

Relâcher la pression en acceptant d'être *médiocre* peut aider. Certains peuvent vous considérer comme médiocre quand d'autres vous vénèrent. *Sharknado* n'a pas remporté d'Academy Awards et, pourtant, toutes les célébrités se sont battues pour faire partie du troisième film. Des millions de gens ont apprécié cette franchise. Qui peut dire que cette popularité ne figure pas dans les qualités d'une grande œuvre d'art ?

Ma co-auteure, Lee Savino, s'est retrouvée dans une impasse lorsqu'elle a essayé d'améliorer son style d'écriture. Ses efforts en vue d'améliorer la qualité de ses romans l'ont, en réalité, coupée de sa créativité et lui ont créé des blocages. Après avoir relu l'un de nos plus vieux ouvrages et en se rappelant toute la joie qu'elle avait ressentie en l'écrivant – sans oublier la satisfaction des lecteurs –, elle a décidé d'embrasser sa condition d'auteure *médiocre* et de continuer à écrire comme elle le faisait habituellement. Bien entendu, après ce blocage mental évacué, Lee a retrouvé l'inspiration et s'est naturellement améliorée, comme nous tous. Elle a également réalisé qu'une manière de s'améliorer pouvait être de se faire aider. Ainsi, elle a compris qu'elle n'avait pas besoin de *mieux* écrire, mais simplement d'engager un éditeur pour apporter les dernières touches à ses romans.

Lorsque je me formais dans l'optique de devenir praticienne de la méthode Feldenkrais® (une méthode de travail corporel somatique qui utilise le système nerveux afin de réaligner le corps), il était éprouvant de pratiquer sur d'autres personnes. Nous étions soucieux de bien faire et de ne pas commettre d'erreurs – ou pire encore, de blesser notre partenaire. Il est intéressant de noter que manipuler la tête était particulièrement stressant, tant pour ceux dont la tête était entre nos mains que pour nous qui la traitions. Je me souviens de deux de mes camarades qui ont fondu en larmes après leur premier essai. Nos têtes sont nos centres de contrôle ; ainsi, la laisser entre les mains d'autrui ou manipuler celle de quelqu'un constituent une expérience assez intime.

Notre formatrice, Elizabeth Beringer, nous rappelait toujours : « Il ne s'agit que de votre première tentative. »

Cette phrase est rapidement devenue notre mantra, car elle nous ôtait le poids du perfectionnisme des épaules. Nous avons compris que notre chemin vers la maîtrise serait pavé de nombreuses autres tentatives. Nous n'étions pas obligés de tout réussir du premier coup.

Cette pensée m'a également aidée lorsque je suis devenue

auteure. J'hésitais souvent à envoyer des newsletters, peu certaine quant à quoi dire à mon audience. Puis, je me rappelais les mots d'Elizabeth. Il valait mieux envoyer *quelque chose* – n'importe quoi –, plutôt que mes lecteurs n'entendent plus parler de moi et oublient mon existence. Mieux vaut être médiocre que de disparaître. Bien entendu, j'ai très vite appris à mieux écrire ces newsletters au fur et à mesure que j'en envoyais. J'ai compris comment établir un lien avec mes lecteurs et communiquer avec eux.

Si vous êtes coincé(e) dans votre projet, dites-vous simplement que vous allez le mener à terme, même si le résultat est mauvais. Contentez-vous de produire quelque chose sans vous inquiéter de la qualité. Une fois que vous aurez mis le pied à l'étrier, vous pourrez affiner et améliorer votre processus créatif, mais vous débarrasser de cette pression quant à la qualité ou à la valeur de votre œuvre vous apportera la liberté de créer.

CHAPITRE CINQ

VOTRE BATEAU ARRIVERA UN JOUR

Repoussez-vous vos rêves et vos visualisations vers *un jour lointain* au lieu de les attirer aujourd'hui ? Si oui, il est possible que vous ne pensiez pas les mériter pour le moment. Vous croyez devoir accomplir quelque chose pour goûter à vos rêves.

Défaisons tout cela.

EXERCICE D'ÉCRITURE LIBRE SUR LA VALEUR

Prenez votre journal et écrivez librement (écrivez la première chose qui vous vient en tête, ou mieux encore, ne réfléchissez pas et contentez-vous de faire bouger le stylo sur la page) les réponses à ces questions :

1. Quel est le domaine de ma vie dans lequel j'essaie d'accomplir quelque chose ?

2. Sur une échelle de 1 à 10, à combien se situe ma sensation de mériter ce que je demande *aujourd'hui* ou *en ce moment même* ?
3. Où devrais-je le mériter selon moi ?
4. *Comment* devrais-je le mériter selon moi ?
5. Où suis-je en train de chercher des mesures extérieures de ma valeur (par exemple, un nombre d'abonnés sur mes réseaux, un nombre sur mon compte en banque, un nombre de clients ou de produits vendus) ?
6. Suis-je prêt(e) à croire que je mérite ce que je désire en ce moment même, avant de n'avoir rien accompli ?
7. Où ai-je évité les cadeaux que m'a faits l'univers ?

Il est possible que vous découvriez quelques doutes sous-jacents quant à votre estime de vous-même. Ne vous inquiétez pas ! C'est, en réalité, une bonne nouvelle. Plus vous en ferez remonter à la surface, plus vous serez en mesure de guérir et de vous transformer.

Par le passé, j'ai essayé de balayer cette énergie de doute et de dévaluation de mon champ. Puis, j'ai été gagnée par la frustration quand elle refaisait surface de temps à autre. J'ai ensuite réalisé que ce n'est pas une chose à laquelle on doit résister, ou de laquelle on doit se défaire. Sur notre planète évoluent huit milliards de personnes, et la majorité d'entre elles portent ce sentiment sous-jacent de dévaluation, de ne pas être *assez bien*. Lorsqu'une énergie prévaut à ce niveau dans un système, il est impossible de s'en débarrasser. Nous ne pouvons que changer la façon dont nous nous identifions à elle ou dont nous jouons avec. Il s'agit d'une énergie avec laquelle travailler et, avant tout, se réconcilier. Plutôt que d'essayer de la pousser hors de mon champ énergétique, j'ai découvert qu'il valait mieux l'attirer à moi et l'intégrer. Continuez la lecture, et vous trouverez quelques outils pour y arriver également.

J'apporte une approbation radicale là où je sens que je ne suis pas *assez bien* – une sensation corporelle et tangible. En me plaçant dans cette acceptation, et non dans la résistance, le jugement, le rejet ou l'évitement, je reprends possession de ce fragment de mon être et le ramène à la lumière.

INCORPORER TOUTES SES ÉNERGIES

Je suis certaine que vous avez déjà entendu parler du concept spirituel d'Unité ; tel est le but de l'intégration de nos parts d'ombre. Une fois que vous serez prêt(e) à incarner toutes les énergies – à intégrer les choses que vous refusiez consciemment d'être, mais que vous avez sans doute été malgré vous –, vous aurez accès à la version la plus complète et la plus puissante de vous-même afin de créer la vie que vous désirez.

Lorsque nous nous trouvons dans cet état d'Unité, nous disposons de tout ce qui est – toutes les énergies présentes sur Terre – et pouvons nous en servir afin de créer tout et n'importe quoi comme bon nous semble. Quand vous refusez d'incarner certaines énergies, cela génère une résistance dans votre champ, et vous attirez donc inconsciemment les choses que vous cherchez à éviter.

Seriez-vous prêt(e) à devenir la personne **la moins méritante** de votre domaine ? À incarner une énergie d'amateurisme ? Celle d'un raté ? Si vous entrez en possession de cette énergie, elle ne pourra vous faire aucun mal.

Je trouve personnellement qu'*inviter* les énergies auxquelles je m'efforçais tant de résister – en arrêtant de nager à contre-courant – annule les effets négatifs que je leur attribuais. Selon le célèbre psychologue suisse Carl Jung : « Tout ce à quoi l'on résiste, non seulement persiste, mais s'amplifie. »

Plus nous résistons à nos parts d'ombre, moins nous avons de pouvoir et de puissance à accorder à nos créations. Lorsque je modifie ce flot énergétique et invite ce à quoi j'essayais d'échapper, tout devient plus léger et j'éclate de rire, car je me rends soudainement compte que ce à quoi je résistais n'était rien d'autre qu'un tigre de papier. Cette chose ne peut me faire de mal si j'ouvre la porte de mon être et la laisse entrer. Une fois à l'intérieur, elle s'intègre à moi – et agit tel un carburant pour mon identité.

Intégrer nos parts d'ombre nous procure davantage d'énergie source et, oui, *vous* êtes la source. Vous, en pleine connexion avec tout ce qui est. Plus vous résistez, plus vous refusez d'incarner certaines énergies, et moins vous serez capable de capter votre énergie source.

Ainsi, lorsque ce sentiment de ne pas être *assez bien* se manifeste, acceptez sa présence sans jugement ni résistance. Vous avez l'impression de ne pas mériter votre situation ou vos rêves ? D'accord. Mais qui est le juge de ce mérite ? La société ? Dieu ? Serait-il possible que tout cela ne soit qu'une construction sociale ayant pour but de maintenir les individus dans le rang ? Une illusion nous faisant tous fonctionner de façon similaire afin de satisfaire le besoin biologique et grégaire de sécurité qu'apporte un groupe ou un troupeau ?

Seriez-vous en mesure de quitter cette polarité de mérite ou de non-mérite et – suivez-moi bien – d'accepter qu'il n'existe pas de mesure effective de la valeur d'un individu ? Vous avez de la valeur car vous existez. Seriez-vous capable de faire preuve d'une acceptation totale (plutôt que de jugement ou de résistance) envers toutes les fois où vous êtes tombé(e) dans ce piège et ne vous êtes pas senti(e) à la hauteur ? Une fois encore, dès que vous serez prêt(e) à assumer cette énergie de doute, ou du moins la façon dont vous avez interagi avec elle, cette dernière pourra s'intégrer à vous et ainsi devenir votre superpouvoir.

JOUER AVEC LA POLARITÉ

Avec cet exercice, harmoniser la polarité deviendra un jeu d'enfant. Il vous suffit de répéter les opposés jusqu'à ce qu'aucune des affirmations – ou les deux – ne vous semble vraie et que vous ne ressentiez plus rien pour elles. Donc, dans ce cas précis, vous pourriez répéter : « Je mérite le succès. Je ne le mérite pas. Je mérite le succès. Je ne le mérite pas… », jusqu'à ce que les deux phrases deviennent des inepties à vos yeux. Le but est de se débarrasser des charges – positives ou négatives – présentes dans ces affirmations. Nous voulons avoir accès à toutes les énergies. Les résistances présentes en vous entraveront votre champ énergétique.

Dans *Écrivez votre réussite*, j'ai discuté de ma méthode qui consiste à répéter les opposés : « Je suis une réussite. Je suis un échec. Je suis une réussite. Je suis un échec. », encore et encore jusqu'à ce que je parvienne à harmoniser la polarité entre mon besoin de réussir et ma peur de l'échec.

Si vous essayez de visualiser quelque chose, mais que vous craigniez de ne pas vous y prendre correctement ou de vous tromper – de peur que nous ne le méritiez pas ou que vous pourriez échouer –, ou que vous vous efforcez d'être une bonne personne ou de *percer*, vous ajouterez un fardeau à votre projection et la ralentirez.

Lâchez cette idée de devoir mériter quoi que ce soit et poursuivez simplement votre rêve. Vous découvrirez vite que vous y arriverez avec beaucoup plus d'aisance sans cette ancre pour vous freiner.

LES CAPACITÉS RENVERSÉES

Bien souvent, nos plus grands dons et capacités sont renversés. Marianne Williamson a dit : « Notre peur la plus profonde n'est pas que nous ne soyons pas à la hauteur. Notre peur la plus profonde est que nous soyons puissants au-delà de toute limite. » C'est tout à fait vrai à un tel niveau quantique.

Nous utilisons nos dons contre nous-mêmes au lieu de leur permettre de s'imprégner dans la réalité. Ce que je suis parvenue à comprendre est que notre côté sombre pourrait, en fait, devenir notre véritable génie si nous le laissions s'intégrer.

Pour ma part, j'ai fait profil bas durant le plus clair de ma vie – c'est du moins ce que je croyais. De nature soumise, j'ai cherché autrui pour me mener, me guider et m'aider. Mon fantasme, comme le prouvent au moins cent-cinquante romans d'amour écrits par ma main, était d'avoir un homme séduisant pour tenir ce rôle dans ma vie – un homme qui me dominerait avec tendresse. Mais j'ai également choisi mes amies en suivant ce schéma. Plusieurs de mes meilleures amies sont d'au moins dix ans mes aînées, afin que je puisse m'appuyer sur leur expertise et leur sagesse.

Je me considérais comme une fille effacée, incapable de prendre la moindre décision. Je suis le genre de personne qui est capable de toujours voir une situation sous tous les angles car je suis sensible à toutes les énergies. Je sollicite l'aide et les conseils de mes proches, même pour des décisions très intimes comme la décoration de ma maison ou ma tenue du jour.

Même si je suis très ouverte et prête à recevoir de l'univers, il demeure une certaine passivité en moi qui m'empêche d'utiliser mon pouvoir dans son entièreté et, avant de travailler sur moi-même, je jouais la victime et blâmais autrui quand ma vie n'allait pas bien.

Cependant, au cours des années, plus d'un thérapeute énergétique m'a fait la remarque que je résonnais à l'envers – je suis dominante, et non pas soumise. Ce à quoi j'ai toujours exprimé un vif désaccord. De mon point de vue, mon fantasme était clair – je voulais qu'on m'attache et me dise quoi faire.

Mais ce dont je me suis rendu compte, c'est que je ne faisais que *faire semblant*. Faire profil bas, me laisser porter et me soumettre à autrui, tout cela n'était qu'un jeu. *Bien entendu*, je vous entends déjà murmurer : « Voyons. Nous sommes les seuls à être maîtres de nos vies. »

Néanmoins, à mesure que je travaillais sur l'intégration de mes parts d'ombre, j'ai soudainement réalisé que cela allait plus loin que de prendre ma vie en main : choisir le contrôle intérieur plutôt qu'extérieur. J'ai soudainement vu que *j'avais toujours été aux commandes, même lorsque je faisais semblant de me soumettre.*

C'est *moi* qui ai décidé de poursuivre mon mari. C'est *moi* qui ai décidé que nous devions rester ensemble après la fin d'un job d'été. C'est *moi* qui l'ai poussé à se marier et à avoir des enfants – choses qu'il n'était pas certain de vouloir. J'étais aux manettes depuis le début et prétendais n'être qu'une petite femme impuissante, ballottée par les bourrasques de la vie.

Je disposais, en réalité, d'une puissance infinie, à l'opposé de l'image soumise par laquelle je m'étais toujours définie.

Pourquoi avais-je choisi de croire que je n'étais pas aux commandes de mon existence ? Bonne question. Je crois qu'une part de la réponse se trouve dans l'évitement du jugement. Je désirais éviter le blâme en cas de problème. Cela pourrait également être un choix inconscient me permettant d'expier les fautes d'une vie antérieure dans laquelle j'aurais éventuellement abusé de mon pouvoir.

Mais la leçon à en tirer est que tout ceci n'était qu'un jeu d'acteur. Cette notion d'impuissance, de faiblesse, de dévaluation, n'est qu'un jeu. Un jeu auquel j'ai choisi de jouer dans cette vie. Une fois que j'ai retiré mes œillères et que j'ai vu le tableau en grand, j'ai compris que tout était bien plus simple et différent que je ne le pensais.

LES CONSÉQUENCES POUR VOUS

J'ai récemment coaché une auteure qui m'a dit qu'elle n'avait pas de difficultés à générer de l'argent, sauf quand il s'agissait de ses livres. Lorsque je me suis penchée émotionnellement sur la question, j'ai immédiatement pris conscience que ce schéma était lié au fait qu'elle ne souhaitait pas faire de l'ombre à un proche – une sœur, plus précisément. Bien sûr, au gré de notre conversation, elle m'a révélé qu'elle avait toujours eu l'impression d'être laissée pour compte avec ses deux sœurs. Dans son enfance, ces dernières préféraient jouer ensemble tandis qu'elle lisait dans son coin.

D'une manière assez intéressante, elle m'a confié que l'héroïne type de ses histoires est une fille calme que tout le monde ignore et qui se découvre des superpouvoirs. Bien évidemment, elle avait déjà reconnu que cet archétype la représentait et que ses histoires ne provenaient pas simplement d'un *désir* de découvrir un superpouvoir pour que le monde s'intéresse enfin à elle. Ce superpouvoir, elle le possédait déjà. Elle qui avait toujours cru être la petite sœur docile alors qu'elle était en réalité la plus puissante de toutes – mais qui cachait son pouvoir pour ne pas marcher sur leurs plates-bandes.

Je lui ai donc demandé si elle était prête à utiliser son superpouvoir afin d'être vue et reconnue, pour faire de l'ombre à ses sœurs grâce au succès de ses romans. Elle a hésité ;cette résolution chamboulerait son univers. Elle changerait les croyances que les gens entretenaient à son égard. Elle changerait la dynamique de sa famille. Mais elle a accepté. Elle a accepté, car ses romans méritaient d'être soutenus par le pouvoir et la puissance qu'elle était capable de manier.

Imaginez une pièce, le côté face représentant tout ce que vous pensez être. Le côté pile est, quant à lui, votre ombre, tout ce que vous refusez d'être mais que vous êtes tout de même. Lorsque vous permettez à cette pièce de devenir une sphère en trois dimensions, vous incarnez alors toutes vos énergies et avez accès à tout ce qui est, c'est-à-dire l'Unité. C'est à partir de là que vous pourrez créer avec aisance et avec un pouvoir total.

La question à se poser est donc : quel est votre côté sombre ? Si vous ne le savez pas encore, ce n'est pas grave. Vos parts d'ombre remonteront à la surface à mesure que vous travaillerez avec ces outils, et vous serez alors en mesure de les intégrer.

EXERCICE D'ÉCRITURE LIBRE SUR LA DÉCOUVERTE DE L'OMBRE

Prenez votre journal et écrivez librement les réponses à ces questions :

1. Quelle est la part de moi que je refuse d'incarner et qui pourrait changer ma vie ?
2. Comment est-ce que je me définis ?
3. Où est-ce qu'un opposé pourrait en réalité être vrai ?

4. Que disent les gens de moi que je refuse ou que j'accepte ?
5. Qu'est-ce que je rejette activement dans l'image que j'ai de moi-même ou dont j'ai honte ?
6. Comment puis-je ressentir une acceptation radicale envers toutes les parts de mon être ?

ENTREZ EN EXPANSION AFIN DE DEVENIR MULTIDIMENSIONNEL(LE)

Servez-vous de cette visualisation – ou méditation – pour intégrer vos énergies divisées ou votre volonté.

Imaginez une pièce

Imaginez une pièce qui représente vos deux côtés non intégrés : le conscient et l'inconscient, l'ombre et la lumière.

Le côté face représente la lumière et le côté pile, l'ombre. Le côté face est l'esprit conscient, l'intention consciente. Le côté pile, en revanche, incarne votre part d'ombre, votre subconscient qui résiste à vos intentions. Votre côté sombre n'est pas mauvais en soi ; il englobe vos désirs réprimés, comme le désir d'être en sécurité, de ne pas faire de vagues, de ne pas s'étirer ou grandir. Puisque ces deux faces font partie de la même pièce, il est impossible de se débarrasser de l'une d'elles. Elles vous représentent toutes les deux. Le côté sombre ne peut pas être *purifié*.

Étirez la pièce en une sphère

Imaginez maintenant que la pièce gonfle comme un poisson-globe et se transforme en un orbe clair ou une sorte de boule à neige. La pièce se transforme et passe donc d'un objet en deux dimensions à une sphère en trois dimensions qui est remplie de toutes vos énergies. Visualisez-les en train de se mélanger et d'apprendre à se connaître. Tandis que les énergies bougent ensemble, elles tourbillonnent. La lumière se mêle à la fumée. Alors que vous continuez à observer la transformation de la sphère, il est possible que des couleurs ou des motifs apparaissent. Tout comme l'huile et le vinaigre, les énergies ne vont pas se mélanger parfaitement, mais apprennent plutôt à interagir l'une avec l'autre afin de former une relation génératrice.

Plus vous maintiendrez cette image dans votre conscience, plus vous verrez de magnifiques tourbillons et motifs tels que l'éclosion d'une fleur ou des spirales d'énergie.

Tout comme la neige qui virevolte dans une boule, vos énergies se dispersent à travers l'orbe tout entier. De cette façon, le côté sombre intègre des volontés avec le côté conscient, et ceci crée un pouvoir. Le côté sombre aide en réalité à fournir du carburant à la fusée que nous sommes.

JEUX À LA MAISON

1. Continuez votre routine sacrée chaque soir.
2. Documentez vos rêves chaque matin ou travaillez sur les exercices d'écriture libre de cet outil.
3. Si vous parlez anglais, essayez la méditation *Expanding to Become Multidimensional* que je vous propose gratuitement sur https://Relax2Riches.com
4. Si vous ne l'avez pas fait durant la lecture de cette section, complétez les exercices d'écriture libre sur la découverte de l'ombre et sur la valeur. (Encore une fois, revoici les exercices pour que vous n'ayez pas à les chercher.)

Exercice d'écriture libre sur la valeur

Prenez votre journal et écrivez librement (écrivez la première chose qui vous vient en tête, ou mieux encore, ne réfléchissez pas et contentez-vous de faire bouger le stylo sur la page) les réponses à ces questions :

1. Quel est le domaine de ma vie dans lequel j'essaie d'accomplir quelque chose ?
2. Sur une échelle de 1 à 10, à combien se situe ma sensation de mériter ce que je demande *aujourd'hui* ou *en ce moment même* ?
3. Où devrais-je le mériter selon moi ?
4. *Comment* devrais-je le mériter selon moi ?
5. Où suis-je en train de chercher des mesures extérieures de ma valeur (par exemple, un nombre d'abonnés sur mes réseaux, un nombre sur mon compte en banque, un nombre de clients ou de produits vendus) ?
6. Suis-je prêt(e) à croire que je mérite ce que je désire en ce moment même, avant de n'avoir rien accompli ?
7. Où ai-je évité les cadeaux que m'a faits l'univers ?

EXERCICE D'ÉCRITURE **libre sur la découverte de l'ombre**

Prenez votre journal et écrivez librement les réponses à ces questions :

1. Quelle est la part de moi-même que je refuse d'incarner et qui pourrait changer ma vie ?
2. Comment est-ce que je me définis ?

3. Où est-ce qu'un opposé pourrait en réalité être vrai ?
4. Que disent les gens de moi que je refuse ou que j'accepte ?
5. Qu'est-ce que je rejette activement dans l'image que j'ai de moi-même ou dont j'ai honte ?
6. Comment puis-je ressentir une acceptation radicale envers toutes les parties de mon être ?

OUTIL N° 3

La peur, c'est la liberté

CHAPITRE SIX

*A*près avoir découvert la loi de l'attraction au début de la vingtaine, j'ai compris que je ne devais pas me focaliser sur ce que je ne voulais pas. Je suis par conséquent devenue experte dans l'art de faire l'autruche concernant tout ce qui n'était pas parfait dans ma vie.

J'ai vigoureusement ignoré tout ce qui pourrait gâter ma sauce.

Bien que cette stratégie paraisse logique à un niveau superficiel de projection – car nous obtenons ce sur quoi nous nous focalisons –, ces choses que je refusais de voir n'ont pas disparu pour autant. Elles sont restées là, sous la surface, en tant que peurs non résolues. Elles ont donc continué de fermenter dans l'ombre et d'alourdir mon système énergétique, ce qui a porté un coup à mes projections.

Mon mariage déclenchait en moi des sentiments de ne pas être à la hauteur, ou de ne pas mériter ma situation, mais je craignais de les examiner en détail. Je craignais de découvrir que mon mariage n'allait pas fonctionner. Je craignais de reproduire l'échec de mes propres parents dans cette institution. Je craignais que tout ceci provoque de grands changements dans ma vie. Je craignais les effets que cela aurait sur mes enfants.

Toutes ces peurs m'ont entravée.

Qu'est-ce que je prétends ne pas voir malgré l'évidence ?

Je suis peut-être parvenue à cacher des choses à mon esprit conscient, mais mon corps, lui, n'était pas aveugle. J'ai développé de l'arthrite rhumatoïde – une maladie auto-immune causant des gonflements dans les articulations qui s'accompagnent de grandes douleurs –, ainsi que des conjonctivites. Il est assez intéressant de noter que cette maladie s'est déclarée peu après que mon ex-mari a commencé à me tromper, mais bien avant que je m'en aperçoive, ce qui me pousse à me demander : quelle était l'étendue du savoir que mon esprit refusait d'accepter alors que mon corps le voyait clairement ?

Je pense que nous sommes tous conscients, énergétiquement ou psychiquement, de bien plus de choses que notre esprit nous le fait croire. Développer l'habitude de tenir un journal, d'effectuer des séances de *channeling*, de pratiquer la kinésiologie ou de réaliser tout autre méthode qui nous aiderait à nous reconnecter à notre intuition, constitue la clé pour établir une véritable compréhension de toutes les énergies impliquées dans une décision ou une situation.

En raison des conjonctivites dont je souffrais, ma coach énergétique, Katherine McIntosh, m'a proposé une question à approfondir : **qu'est-ce que je prétends ne pas voir malgré l'évidence ?**

C'est en me posant cette question que j'ai entendu (les mots me sont intuitivement venus à l'esprit) que mon père était mourant, environ un mois avant qu'il ne découvre que son cancer avait refait surface. Avoir cette prémonition m'a permis de m'ancrer et de me préparer, donc quand il m'a annoncé la nouvelle, j'avais déjà purgé mon chagrin et étais prête à faire face à cette situation sans la moindre peur.

Même si je ne souffre plus que rarement de gonflements au niveau des articulations, je me pose encore cette question lorsque je remplis mon journal afin de découvrir quelles sont les zones de ma vie que j'essaie consciemment d'ignorer.

Le but de ce livre est d'amener ces parts d'ombre à la lumière et de reconnaître nos peurs afin de pouvoir s'en occuper. Nous devons affronter toutes ces peurs – grandes ou petites, idiotes ou justifiée – et nous appuyer dessus, sans les fuir.

Oui, nous devons nous appuyer dessus.

Cela me rappelle cette vieille citation de Roosevelt qui dit qu'il n'y rien à craindre, sinon la crainte elle-même – voilà qui tape en plein dans le mille. *Tandis que notre instinct est d'éviter nos peurs, ces dernières s'évaporent lorsque nous nous appuyons dessus et nous apportent légèreté et liberté.*

Quand nous nions nos peurs, quand nous les laissons sans noms et sans formes sous notre lit comme de vilains monstres, c'est à ce moment précis que nous plombons les ailes de notre avenir. Mais tout comme la lumière d'une veilleuse nous aide à constater que le vilain monstre sous le lit n'est qu'un sac de couchage, vos peurs se dissoudront en un instant après examen.

FAITES L'INVENTAIRE DE VOS PLUS GRANDES PEURS

L'une des pratiques que j'ai trouvées très utiles pour prendre conscience de mon côté sombre et l'intégrer est « l'inventaire des plus grandes peurs », décrite par le Dr Carolyn Elliot dans son livre *Existential Kink*.

Je vous recommande de le lire en entier ou, mieux encore,

de l'écouter en livre audio si vous parlez anglais. (La voix de l'auteure est délicieusement expressive !) J'ai moi-même possédé la version papier pendant des années, mais je l'avais mise de côté après avoir découvert, à ma plus grande déception, qu'il n'était pas question de fantasmes coquins. Néanmoins, je lui ai donné une seconde chance après qu'un de mes clients me l'a recommandé durant une séance de coaching. Il s'agit là d'un formidable point de vue sur l'intégration des parts d'ombre comme moyen de clarifier ses visualisations. Le processus qui suit est cité avec la permission de l'auteure.

Pour faire l'inventaire de vos plus grandes peurs, écrivez en haut d'une page : « Cher univers (ou ce qui a du sens pour vous), je hais et déteste [la chose que vous visualisez], car j'ai vraiment peur de [puis, dressez une liste de vingt peurs]. »

Par exemple, lorsque j'ai appliqué cette méthode concernant mon désir et ma peur de trouver un nouveau partenaire, voilà le résultat :

Cher univers, j'ai horreur de visualiser un partenaire qui m'aime et m'adore, qui crée de la richesse avec moi, qui m'écoute et me comprend car :
J'ai vraiment peur de finir par m'ennuyer.
J'ai vraiment peur de ne pas mériter l'amour.
J'ai vraiment peur d'avoir besoin de temps pour me trouver en premier lieu.
J'ai vraiment peur de ne pas pouvoir garder un homme.
J'ai vraiment peur de ne pas m'épanouir au lit.
J'ai vraiment peur d'arriver trop tard.
J'ai vraiment peur de ne pas pouvoir tenir sur la durée.
J'ai vraiment peur que mes enfants ne l'aiment pas.

J'ai vraiment peur que cela détruise ma relation avec mes enfants.

J'ai vraiment peur de ne pas pouvoir recevoir tout cet amour.

J'ai vraiment peur de le rejeter.

J'ai vraiment peur d'avoir besoin de davantage d'amour.

J'ai vraiment peur de finir par changer d'avis.

J'ai vraiment peur que mélanger nos finances soit difficile.

J'ai vraiment peur que ça ne marche pas et que je divorce à nouveau.

J'ai vraiment peur d'avoir le cœur brisé quand il mourra.

J'ai vraiment peur d'avoir besoin de mes amis pour me guider et me coacher.

J'ai vraiment peur de ne pas pouvoir y arriver toute seule.

J'ai vraiment peur de ne pas apporter les bons ingrédients à ce mariage.

EN BAS DE LA PAGE, le Dr Elliot nous suggère d'écrire : « Cher univers, je te demande d'effacer ces grandes peurs. Je prie pour connaître ta volonté me concernant et pour le pouvoir de la mettre en œuvre. Merci. »

Elle nous recommande ensuite de lire tout cela à voix haute devant un témoin (pas de réaction, une simple oreille attentive ; d'ailleurs, merci à vous d'avoir été témoin de mes peurs), puis de déchirer la feuille en petits morceaux.

Je le fais le matin (à la *The Artist*) lorsque mon esprit est toujours mêlé à mon subconscient, peu après le réveil.

Lorsque j'ai essayé de faire cet inventaire pour la première fois, j'ai découvert que mes blocages concernant mes objectifs financiers étaient toujours liés au mérite que je pensais devoir acquérir. J'ai été déçue, en premier lieu. Ces mêmes blocages étaient-ils toujours présents ? N'avais-je pourtant pas passé des années à m'en débarrasser ?

C'est là que j'ai réellement compris l'outil n° 2. **Il est impossible de se débarrasser de ce sentiment. Nous changeons simplement la relation que nous entretenons avec lui.**

MÉDITATION POUR DISSOUDRE SES PEURS DANS LA LUMIÈRE

Si vous souhaitez aller plus loin qu'une simple demande à l'univers, vous appuyer activement sur vos peurs – et ainsi les attirer à la lumière afin d'en prendre possession et de les transmuter – peut constituer un puissant moyen de les intégrer. Suivez les étapes ci-dessous ou téléchargez une méditation guidée sur https://Relax2Riches.com.

1. Commencez par visualiser votre être comme une boule de lumière géante qui s'étend sur un mètre dans toutes les directions, au-delà de votre corps physique.
2. Imaginez qu'il y ait une mèche au centre de votre poitrine, derrière votre sternum. Allumez-la et gardez votre attention sur elle tandis qu'une lumière dorée grandit et baigne votre cœur d'une lumière curative.
3. Faites grandir cette flamme de plus belle, jusqu'à ce qu'elle remplisse complètement votre boule de lumière.
4. Imaginez maintenant que vous veniez de froisser la page contenant toutes vos peurs en une petite boule de papier.
5. Jetez-la dans la flamme qui se trouve dans votre cœur et gardez votre attention sur elle jusqu'à ce

qu'elle ait complètement brûlé, jusqu'à ce que même les cendres aient disparu, jusqu'à ce qu'il ne reste pas même un atome de ces peurs.
6. Reportez votre attention sur la lumière au centre de votre poitrine et remarquez la manière dont ces peurs ont alimenté votre flamme. Tout comme des bûches, vos peurs ont fait grandir le feu de votre cœur en s'intégrant à vous. Vous êtes désormais doté(e) d'une plus grande force, d'une plus grande lumière, et êtes devenu(e) une personne intégrée qui s'est occupée de ses peurs en les absorbant.

JEUX À LA MAISON

1. Continuez votre routine sacrée chaque soir.
2. Documentez vos rêves dans votre journal.
3. Exercice d'écriture : faites l'inventaire de vos plus grandes peurs.
4. Pratiquez la méditation pour dissoudre vos peurs dans la lumière.

OUTIL N° 4

Dormir jusqu'au succès

CHAPITRE SEPT

Nous passons tous entre un quart et un tiers de nos vies à dormir. Comme tous les thérapeutes adeptes des théories de Jung le savent, nous pouvons utiliser nos rêves pour récolter des informations à propos du contenu de notre subconscient. De plus, le sommeil profond (là où les rêves se forment) ou les moments qui suivent le réveil peuvent constituer une plateforme où recevoir des messages de notre intuition. J'irai même encore plus loin en disant que nous pouvons également utiliser le sommeil profond pour programmer activement notre subconscient et accélérer nos projections. Dans ces quelques prochains chapitres, nous aborderons les trois étapes de l'outil n° 4 :

1. Reprogrammer son subconscient en dormant
2. Faire du rêve une réalité
3. Les rêves lucides

Je vous disais au début du livre de préparer votre routine du soir en améliorant certains détails afin de créer chez vous le sentiment d'être pouponné(e), de vous donner l'impression de prendre soin de vous et de vous ouvrir à l'univers, vous vous souvenez ? Eh bien, nous allons nous en servir dès maintenant. Si vous n'avez pas préparé votre chambre ni modifié votre routine du soir, il est temps de commencer. Revenez à la section *Préparation* du deuxième chapitre pour quelques idées et suggestions.

REPROGRAMMER SON SUBCONSCIENT

La manière la plus simple de tirer parti de votre sommeil profond est d'écouter des affirmations préenregistrées avant de vous endormir ou pendant votre sommeil. J'ai personnellement écouté des affirmations répétant que je deviendrais millionnaire chaque nuit pendant six ans avec l'objectif d'atteindre le fameux revenu annuel à sept chiffres. Je crois en effet que cette habitude m'a alignée avec le fait de franchir les étapes nécessaires à l'accomplissement de mon but.

Ces temps-ci, j'ai un enregistrement préféré pour la nuit d'Amanda Frances, que vous pourrez retrouver sur YouTube : *Guided Sleep Meditation, Receive Love + Money Binaural Beats + Subliminals*. Cet enregistrement, orienté sur l'amour de soi et l'abondance, me procure beaucoup d'énergie et de bonheur au réveil.

Je trouve que j'ai parfois envie d'écouter un enregistrement et que j'ai parfois envie de profiter de ma nuit sans interruption extérieure. Suivez votre instinct : il n'y a que vous qui savez ce qui est bon un soir en particulier.

Pour commencer cet exercice :

1. **Avant d'aller au lit, choisissez l'énergie dans laquelle vous voulez mariner. Inscrivez dans votre journal la pensée ou l'énergie que vous**

souhaitez programmer dans votre subconscient pendant votre sommeil.

- Par exemple, si vous choisissez d'écouter une boucle d'affirmations d'abondance, vous pourriez écrire : « J'attire l'argent comme un aimant. »
- Si vous choisissez une boucle orientée sur l'amour de soi, vous pourriez écrire : « Je suis quelqu'un qui déchire. »
- Si vous travaillez sur l'anxiété ou la confiance en soi, vous pourriez écrire : « Je sais toujours comment me comporter et quoi faire en toute circonstance. »

2. **Écoutez des sortes d'enregistrement de « programmation de la conscience » juste avant de vous coucher ou pendant votre sommeil**

Une amie m'a dit que sa coiffeuse devait écouter le livre audio de *Twilight* tous les soirs pour s'endormir. Voilà un apport intéressant pour le subconscient. Pour cet exercice, vous pourriez choisir votre livre préféré sur l'abondance (comme *Écrivez votre réussite*, haha !) et l'écouter à très petit volume afin de ne pas vraiment y prêter attention, mais de tout de même absorber son énergie.

Il existe une multitude de boucles à écouter pendant votre sommeil pour programmer votre esprit dans n'importe quelle optique : trouver l'abondance, l'amour, etc. J'ai organisé un défi de vingt-sept jours axé sur l'outil *Dormir jusqu'au succès* avec plusieurs centaines d'auteurs et de créatifs intéressés par l'idée de jouer à ce jeu, et j'ai dressé une liste des enregistrements les plus populaires. Vous la trouverez dans la section *Ressources*, à la fin du livre.

Il est possible que vous souhaitiez écouter le même enregistrement encore et encore ou que vous vouliez varier les plaisirs. Certains sont subliminaux. La plupart débutent avec un script que vous pouvez entendre et deviennent ensuite subliminaux – pour que vous soyez assuré(e) de ne pas être programmé(e) pour tuer le Premier ministre ou quelque chose du genre. Si vous n'aimez pas l'idée d'écouter des messages subliminaux, je comprends parfaitement ! Vous pouvez toujours créer votre propre enregistrement subliminal ou écouter des boucles normales à des volumes très faibles. C'est ainsi que je le préfère.

Écouter à faible volume sera également utile si le bruit perturbe votre sommeil. Une des participantes de mon défi a trouvé qu'écouter les enregistrements à 0,75 x la vitesse et à un faible volume l'aidait à lâcher prise.

Même si vous n'arrivez pas à discerner les mots ni les sons, faites confiance à votre cerveau, qui, lui, est très perceptif, même si votre intention est simplement d'absorber le contenu de l'enregistrement. (Il s'agit du même processus que de dormir avec vos leçons sous votre oreiller la veille d'un contrôle.) L'acte d'activer quelque chose pendant votre sommeil devient partie intégrante du rituel. Cela signale à votre subconscient que vous faites quelque chose d'important ; et votre subconscient va commencer à absorber le message que vous voulez programmer en lui, même s'il n'en entend pas les mots.

Les boucles

Si vous écoutez des enregistrements qui ne sont pas assez longs pour tenir toute une nuit sur votre téléphone, vous devrez vous servir d'une appli qui dispose de la fonction *répéter* afin de créer une *boucle.*

L'icône de cette fonction ressemble à ceci :

Sur un iPhone, il vous faudra ajouter le fichier sur iTunes (c'est-à-dire le transférer de votre ordinateur au téléphone via le logiciel). Depuis iTunes, vous pouvez sélectionner la fonction *répéter*. Vous pourriez également créer une playlist de différents enregistrements pour couvrir huit heures de sommeil.

Les écouteurs spécial sommeil

Si la personne qui partage vos nuits n'est pas franchement emballée à l'idée de participer à cette expérience, il vous faudra peut-être vous procurer des écouteurs spécialement conçus pour un usage de nuit. Il en existe des plats, pour celles et ceux qui dorment sur le côté. Certains prennent la forme d'un bandeau à enrouler autour de la tête, et d'autres disposent également de suppression du bruit. Vous en trouverez facilement sur Amazon.

3. **3) Le matin, prenez cinq à vingt minutes pour documenter les rêves que vous avez eus dans votre journal. Incluez votre état émotionnel durant le rêve et à votre réveil.**

En suivant les thèmes de vos rêves, vous reconnaîtrez ce que votre subconscient tente de vous montrer et signalerez que vous êtes prêt(e) à travailler activement avec lui pour visualiser.

Vous commencerez alors à remarquer les blocages inconscients présents en vous et qui vous empêchent d'atteindre vos buts. Vous pourrez ensuite vous en défaire.

Remarque : Si vous souffrez de terreurs nocturnes et ne souhaitez pas vous attarder sur cette énergie, sauter cette étape jusqu'à ce que vous ayez intégré vos traumatismes avec un thérapeute.

Après avoir documenté le contenu de vos rêves, vous pouvez utiliser ce journal pour poser des questions à votre Moi supérieur et recevoir des réponses. Elles peuvent être très pragmatiques, comme :

- Que signifie ce rêve ?
- Quelle est la chose la plus importante à faire aujourd'hui ?
- Comment puis-je résoudre [le dilemme] ?

Ou plus spirituelles :

- Qu'est-ce que mon esprit veut me faire savoir aujourd'hui ?
- Quel message dois-je recevoir de la source ? (ou de mon Moi supérieur, de mes guides ou de l'univers ?)

Si vous ne vous souvenez pas de vos rêves, ce n'est pas grave. Le but est d'essayer de vous en souvenir et d'avoir l'intention d'utiliser votre sommeil pour visualiser. Faites confiance en l'univers. Votre cerveau intègre ces nouvelles informations et commence à se transformer.

Toby Neal, auteure qui participait à mon défi, m'a écrit durant l'expérience pour me dire : « Bien que je ne voie pas directement une augmentation de mes revenus, j'ai de nouvelles idées pour générer plus d'argent presque tous les jours et j'ai davantage de motivation pour les concrétiser. » Elle a poursuivi en ajoutant qu'elle se battait contre un léger burn-out après douze ans d'écriture à plein temps et qu'elle sentait enfin la joie revenir dans sa vie professionnelle.

JEUX À LA MAISON

1. Continuez votre routine sacrée chaque soir.
2. Écoutez un enregistrement au moins une nuit par semaine pour programmer votre subconscient à atteindre tout ce que vous désirez.
3. Documentez vos rêves dans votre journal, notamment les thèmes récurrents.

CHAPITRE HUIT

FAIRE DU RÊVE UNE RÉALITÉ

Il y a quelques années, j'ai réalisé que, si nos rêves sont le reflet des trépidations de notre subconscient et de la direction que prend notre énergie, il est raisonnable de penser que nous pouvons mettre en œuvre une sorte de rétro-ingénierie (rêver des choses que nous souhaitons projeter) et accélérer nos visualisations. **Après tout, le processus de visualisation se résume à l'alignement de notre énergie avec notre but.** Notre esprit conscient est généralement sur la même longueur d'onde que nos désirs ; c'est notre subconscient qui arbore des croyances limitantes, des souvenirs douloureux et des peurs qui nous font *résister* à ce que nous voulons accomplir.

J'avais déjà joué avec les rêves lucides par le passé, et je m'y suis donc replongée. À l'époque, je travaillais sur l'écriture de mon premier livre dédié à la projection : *Écrivez votre réussite* et proposais un programme de coaching mensuel avec ma co-auteure, Lee Savino. Je savais que j'adorais ce sujet et j'avais l'impression de remplir la mission qu'on m'avait donnée dans cette vie (enfin, non pas qu'écrire des histoires de loups-garous et de mafieux sexy n'en fasse pas partie). J'avais l'ambition plus qu'audacieuse de devenir conférencière internationale sur l'état d'esprit d'abondance et la visualisation. Malgré ma peur de m'exprimer devant un public, je croyais avoir quelque chose à partager et voulais réaliser des conférences.

Cette nuit-là, j'ai donc tenté de rêver de tout cela. Avant de m'endormir, je me suis dit que je voulais incarner une conférencière internationale dans mon rêve. Chaque fois que je reprenais brièvement conscience durant la nuit (pour réajuster mon oreiller, par exemple), je réaffirmais cette intention.

J'ai échoué.

Du moins, c'est ce que je pensais. Je n'avais pas produit le moindre rêve me décrivant sur une estrade, dans ma ville ou ailleurs dans le monde. Je ne me souvenais d'aucun de mes rêves.

Mais à 15 h 30 cet après-midi-là, j'ai reçu un email d'une amie auteure, LK Shaw, me demandant si je pouvais m'adresser à son groupe de mentorat Mastermind.

Voilà ce qui est drôle avec nos projections : nous sommes véritablement les seuls à nous retenir. Nos croyances, l'image que nous avons de nous-mêmes et notre capacité à recevoir limitent la quantité de bonté que l'univers peut nous livrer.

J'ai d'abord pensé que je ne savais pas comment m'y prendre. Je ne savais pas quoi dire à son groupe. J'ai essayé de me raccrocher à un domaine dans lequel j'avais de l'expérience : le coaching de groupe. J'ai donc demandé si les membres désiraient une discussion ouverte, avec des questions auxquelles je pourrais répondre, ou s'ils voulaient une sorte d'exposé – chose qui me terrifiait.

Mon amie s'est donc entretenue avec son groupe et m'a

transféré leur question : **de quoi parlerait-elle si elle donnait une conférence ?**

Vous me prenez sans doute pour une cruche, mais je vous jure que je n'avais absolument pas réalisé que l'univers essayait de satisfaire ma demande avant ce moment précis ! J'avais complètement oublié cette expérience avec mes rêves, et ma résistance initiale – tout comme ma peur – m'a empêchée d'assembler les pièces du puzzle.

Dès que je m'en suis rendu compte, j'ai pris le taureau par les cornes, ai accepté la proposition et ai remercié l'univers de m'avoir envoyé la première étape vers mon chemin vers la prise de parole devant un public. Depuis lors, on m'a invitée à plus d'une demi-douzaine de conférences et, même si je suis toujours terrifiée, chaque itération me rapproche un peu plus de mon rêve.

Pour cet exercice,

1. **Téléchargez gratuitement mon enregistrement *Dream it into Being* en inscrivant votre adresse email sur https://Relax2Riches.com**
2. **2) Avant d'aller au lit, écrivez ce dont vous voulez rêver dans votre journal.**

Voilà le moment où il est important de comprendre votre *pourquoi* concernant ce que vous cherchez à visualiser. Il est difficile de rêver d'avoir un million de dollars. Votre subconscient ne comprendra pas l'essence de ce but ; ce qui nous dit que visualiser des millions de dollars n'est pas si simple que ça. Ce n'est pas vraiment l'argent que vous recherchez, mais ce que cet argent représente pour vous. Lorsque vous vous focalisez sur ce qui se trouve derrière – c'est-à-dire l'objet réel de votre désir – (à la fois pendant votre sommeil et dans la journée), vous aurez la bonne vibration pour créer ce que vous voulez.

Par exemple si, pour vous, ce million représente le luxe, il serait peut-être plus simple d'avoir l'intention de rêver de conduire une nouvelle voiture ou d'emménager dans un manoir. Si l'argent représente la liberté, vous pourriez demander à rêver d'un voyage autour du monde ou d'une virée shopping. S'il s'agit de succès, vous pourriez imaginer une scène qui représente le succès à vos yeux – comme les ovations d'un public en délire, ou une file de clients devant votre commerce, etc.

Ainsi, vous pourriez écrire dans votre journal :

- Je vais rêver que je conduis ma nouvelle voiture.
- Je vais rêver qu'il y a une grande file de lecteurs attendant que je leur dédicace mon livre.
- Je vais rêver de mon nouveau partenaire.

3. **Écoutez l'enregistrement *Dream it into Being* avant de vous endormir et rappelez-vous durant la nuit ce dont vous voulez rêver. Commencer à noter les thèmes ou personnages récurrents de vos rêves dans votre journal.**
4. **Le matin, prenez cinq à vingt minutes pour documenter les rêves que vous avez eus dans votre journal. Incluez votre état émotionnel durant le rêve et à votre réveil.**

En suivant les thèmes de vos rêves, vous reconnaîtrez ce que votre subconscient tente de vous montrer et signalerez que vous êtes prêt(e) à travailler activement avec lui pour vous projeter.

Vous commencerez alors à remarquer les blocages inconscients présents en vous et qui vous empêchent d'atteindre vos buts. Vous pourrez ensuite vous en défaire.

Remarque : Si vous souffrez de terreurs nocturnes et que

vous ne souhaitez pas vous attarder sur cette énergie, vous pouvez tout à fait sauter cette étape.

Une fois encore, après avoir documenté le contenu de votre rêve, vous pouvez utiliser ce journal pour poser des questions à votre Moi supérieur et recevoir des réponses. Elles peuvent être très pragmatiques, comme :

- Que signifie ce rêve ?
- Quelle est la chose la plus importante à faire aujourd'hui ?
- Que va-t-il se passer dans le livre que j'écris ?

Ou plus spirituelles :

- Qu'est-ce que mon esprit veut me faire savoir aujourd'hui ?
- Quel message dois-je recevoir de la Source ? (ou de mon Moi supérieur, de mes guides, de l'univers ?)

Lorsque Renae Franz, la fondatrice de Flirte Beauté, a tenté cette expérience, elle a décidé de rêver qu'elle gagnait 5 000 dollars de plus par mois afin de préparer sa retraite. J'aurais eu tendance à dire que cette intention serait difficile à poser – rêver d'une somme précise est bien plus compliqué que de s'imaginer vivre dans le luxe, rembourser une dette ou quoi que ce soit de spécifique. Néanmoins, Renae m'a envoyé un message le lendemain pour m'annoncer que cela avait déjà fonctionné ! On lui avait offert un stand au sein d'un événement assez prestigieux qui lui aurait coûté plus de 7 000 dollars et son activité annexe de conseils a attiré un nouveau client qui lui rapporterait 15 000 dollars de plus. J'adore ce genre de retour presque instantané !

JEUX À LA MAISON

1. Continuez votre routine sacrée chaque soir.
2. Écoutez l'enregistrement *Dream it into Being* avant de vous endormir.
3. Documentez vos rêves dans votre journal et relevez bien les thèmes.

CHAPITRE NEUF

LES RÊVES LUCIDES

Je suis certaine que les rêves lucides – ou la capacité de manipuler vos rêves – ne sont pas nouveaux pour vous. J'ai joué avec dans la vingtaine et ai réussi à voler quelques fois, ainsi qu'à faire l'amour de temps en temps... avant de m'ennuyer. En fin de compte, quel était l'intérêt ?

Les rêves lucides me sont apparus comme une perte de temps jusqu'à ce que j'y attache l'idée de m'en servir pour visualiser.

Laissez-moi commencer par dire que *ce n'est pas grave si vous ne devenez jamais lucides dans vos rêves*. Cette lucidité n'est pas le but à atteindre. L'objectif est ici de programmer votre énergie et votre subconscient.

Ne pas être lucide dans vos rêves aura-t-il une quelconque importance ? Cela ralentira-t-il vos projections ? Absolument pas.

Vous recevrez tout de même tous les bénéfices de cet

exercice en vous en tenant aux deux premières étapes de *Dormir jusqu'au succès* ; devenir lucide ne représente que la cerise sur le gâteau.

La pratique des rêves lucides constitue un voyage vers le pouvoir. Il s'agit d'une occasion de découvrir toute la malléabilité dont votre subconscient peut faire preuve. Vous verrez comment il répond aux images et aux symboles, ainsi que la façon dont il vous communique des informations et répond à vos commandes.

Il s'agit là d'une fantastique manière de vous associer à votre subconscient. Lorsque je joue dans cet espace onirique, je peux me projeter une réalité virtuelle contenant le bel avenir dont je désire. Je peux me perdre dans une aventure quasi magique et tordre la tour Eiffel en deux avant de sauter sans effort par-dessus des gratte-ciels. Je peux entrer dans une pièce et faire en sorte que tous ceux présents à l'intérieur me jettent des roses aux pieds.

Dans ces rêves, je suis capable de transformer la laideur en beauté. De transformer la gêne en puissance.

Lorsque je joue dans cet espace, j'ai l'impression d'établir une collaboration entre mon subconscient et moi, comme dans le jeu où l'on élabore une histoire à tour de rôle en ajoutant des éléments à chaque tour. Je propose une direction à suivre et mon subconscient prend le relai pour la transformer en vision. Il semble parfois que je collabore avec mon Moi supérieur et que ce dernier me guide.

Nous reparlerons des vertus des rêves concernant l'intuition un peu plus loin.

Nous nous pencherons également sur l'interprétation des rêves, mais je veux vous en toucher deux mots maintenant, car connaître les thèmes récurrents de vos rêves peut vous donner une direction vers votre reprogrammation.

Quand j'ai débuté cet exercice, j'ai remarqué que les environnements présents dans mes rêves tombaient toujours dans quelques catégories bien précises :

1. Les maisons dans lesquelles j'ai vécu : généralement, la première maison que mon ex-mari et moi avons achetée à nos vingt-cinq ans ou l'une des deux maisons de mon enfance. (Apparemment, mon subconscient se fiche pas mal de ma vie à l'université.)
2. Des endroits sombres et encombrés : des greniers, des caves, etc. Quand je dis *encombrés*, je parle d'un désordre **pathologique**, que l'on voit souvent chez les gens atteints du syndrome de Diogène. Dans ces endroits, impossible de bouger ni de me déplacer.
3. Des salles de bains effrayantes et dégoûtantes. Je soupçonne qu'il se pourrait que je rêve de salles de bains, car j'ai besoin de me réveiller et d'y aller, mais elles ne sont jamais propres ni spacieuses. Elles sont hideuses et répugnantes, pires que celles qu'on trouve dans les logements squattés.

À MESURE que je commençais à jouer avec mes rêves et mon sommeil pour visualiser, j'ai connu des moments de lucidité. Je reconnaissais soudain que cette pièce encombrée n'était qu'un rêve et cela déclenchait un instant lucide.

Puisque j'étais déterminée à utiliser mon sommeil pour créer la réalité que je voulais incarner, je transformais la pièce en un endroit spacieux, ordonné et *luxueux* d'un seul mouvement de la main.

Les meubles entassés sautaient hors de mon chemin pour

se réorganiser harmonieusement, et le désordre n'était plus. Je pouvais enfin respirer pour ainsi dire.

Avez-vous vu le film *Everything, Everywhere, All at Once* ? C'était exactement comme cela : on peut projeter, modifier n'importe quelle vision et expérience et façonner le tout selon notre bon vouloir. On crée à partir de l'éther.

Pour moi, ces transformations oniriques me remplissaient d'un pouvoir incroyable. Réaliser que je pouvais tout changer en dirigeant simplement ma vision est devenu une métaphore à l'attention de ma vie réelle. Nous ne sommes pas obligés de rester coincés dans une mer de détritus au grenier ou à la cave. Nous ne sommes pas obligés de nous rendre dans une salle de bains dégoulinante de crasse. Nous pouvons choisir une réalité alternative en l'imaginant, tout simplement. Il nous suffit de croire que c'est possible.

Et tel est le plus grand cadeau des rêves lucides. Lorsque vous verrez ce qu'il vous est possible de faire dans vos rêves, vous saurez que votre vie réelle est tout aussi malléable.

Beth Dolgner, auteure de non-fiction et de fiction paranormale, a joué avec ces étapes et m'a ensuite dit : « Bien que je ne sois jamais devenue lucide durant cette expérience, j'ai constaté un grand changement dans la nature de mes rêves. Premièrement, je faisais de beaux rêves – chose importante pour moi, car mes rêves sont habituellement très réalistes et vont du bizarre au cauchemar le plus infernal. Avoir un mois de rêves tous plus joyeux les uns que les autres, c'était le pied ! Je me réveillais le matin en me sentant parfaitement en forme, prête à attaquer ma journée. »

CELLES ET CEUX qui jouent avec la projection et la métaphysique comprennent le concept hermétique : « L'extérieur est comme l'intérieur. » Votre réalité extérieure s'accordera toujours avec votre réalité intérieure. Il est donc logique que la réalité que vous forgez dans vos rêves aux côtés de votre subconscient finisse par devenir celle que vous vivez au quotidien.

Pour jouer **avec les rêves lucides :**

1. Au travers de vos journées, **commencez par vous demander si vous êtes en train de rêver.** En théorie, cette habitude finira par vous suivre dans vos rêves, et vous vous rendrez ainsi compte de votre état. (Dans mon cas, je n'ai eu besoin que de l'étape *Faire du rêve une réalité* pour y arriver.)

2. Continuez votre routine sacrée chaque soir.

3. Avant d'aller au lit, écrivez dans votre journal ce dont vous avez l'intention de rêver.

4. Écoutez mon enregistrement spécial rêves lucides en inscrivant votre adresse email sur https://relax2riches.com ou l'un de ceux d'*Insight Timer*, comme ceux que j'ai inclus dans la section *Ressources* à la fin du livre.

5. Dans vos rêves, essayez de remarquer si vos thèmes récurrents se manifestent. Tout comme vous vous êtes rappelé ce dont vous vouliez rêver durant les neuf derniers jours, vous aurez l'intention de devenir lucide.

6. Si vous devenez lucide, façonnez les images qui s'offrent à vous en ce qui vous fait plaisir. Vous pouvez créer n'importe quoi, même quelque chose d'irréel. En fait, créez une scène fantastique et à couper le souffle. Imaginez-vous en train de vous rouler dans un tas de billets, de bondir telle une gazelle, de faire des saltos arrière ou de faire la course avec un guépard. Imaginez-vous debout devant le Stade de France, où le public entier scande votre nom. Jouez avec des images qui vous procurent la fréquence de ce que vous recherchez : l'abondance, le succès, le pouvoir. Voilà comment vous créerez un avenir dans lequel vous pourrez vivre.

7. Documentez n'importe quel rêve, expérience ou idée dans votre journal. N'hésitez pas à les partager sur mon groupe Facebook *Relax to Riches*.

Je trouve que l'un des moments les plus propices pour devenir lucide est lorsque je me réveille au petit matin et que je me souviens de mon rêve. J'ai ensuite l'intention de retourner dans ce rêve en y ajoutant tout ce dont j'ai envie et, pendant quelques instants, je contrôle le rêve. Puis, je replonge généralement dans un sommeil plus profond et perds ma lucidité.

Si vous n'arrivez pas totalement à rediriger la trajectoire du rêve, ce n'est pas grave. Le simple fait de prêter attention à ces moments et de savoir que vous pouvez modifier votre rêve vous procurera un plus grand sentiment de pouvoir dans vos rêves et, par conséquent, dans votre vie. Ce sont ces petites victoires qui reprogramment votre subconscient.

La lucidité est un muscle qu'il faut entraîner. Ne vous en faites pas si vous n'arrivez pas à rêver de vivre dans un château tous les soirs. Les petits moments de lucidité durant lesquels vous prenez le contrôle du rêve sont encore plus importants !

CHAPITRE DIX

L'INTERPRÉTATION DES RÊVES

*E*nviron un mois avant que je ne doive me rendre à une grande séance de dédicaces, j'ai rêvé que j'y étais et que nous – les autres auteurs et moi-même – devions participer à une sorte de parcours d'obstacles. J'étais donc en train de me démener, d'escalader des murs et de ramper sous des fils barbelés aux côtés d'autres auteurs... *qui m'ignoraient complètement.*

Dans ce rêve, je me suis *sentie* ignorée. La nuance est importante ; bien qu'il se produise toujours des choses étranges dans nos rêves, **ce sont nos sentiments et nos réactions à ce qui se passe qui mesurent réellement le message se cachant derrière la scène.** Dans ce rêve, donc, je voulais faire un signe de la main à la personne qui se trouvait à côté de moi et dire : « Hé ! J'existe aussi ! Vous ne savez pas qui je suis ? »

Quand je me suis réveillée pour analyser mon rêve, j'ai remarqué deux choses.

1. **La séance de dédicaces perçue comme un parcours d'obstacles.**

Je conclus de cette représentation que mon subconscient pense que je dois me tordre dans tous les sens, concourir contre d'autres auteurs et franchir des obstacles pendant les séances de dédicaces. Mon esprit conscient ne pourrait qu'approuver : j'ai tendance à avoir le sentiment que tout le monde sait comment dédicacer des livres sauf moi...

2. **Les autres auteurs m'ignorent.**

D'après les travaux du psychologue Carl Jung concernant l'interprétation des rêves, toutes les personnes que nous voyons dans nos rêves sont en réalité nous-mêmes. Chacune de ces personnes représente une facette de notre personnalité – reconnue ou non. Vous vous souvenez du film *Dans la peau de John Malkovich*, où ils tombent dans son rêve et que les seuls mots qui sont sortis de la bouche des autres enfants étaient « John Malkovich, John Malkovich, Johnny Johnny Malkovich. » ? Il s'agissait d'une allusion au point de vue de Jung, selon lequel tout et toutes les personnes de nos rêves nous représentent, ce qui signifie que chaque image du rêve constitue un symbole ou un aspect de nous-même.

Ainsi, quand je me suis réveillée, je n'en ai pas conclu que ce rêve avait pour vérité que j'étais, ou que je serais, invisible à cette séance de dédicaces, ou que les autres auteurs m'ignoreraient en pensant que je n'avais aucune importance. Non, ce rêve m'informait que *je devais croire*, à un certain degré, que j'étais invisible et insignifiante lors de mes séances de dédicaces.

Ce rêve n'était pas une prophétie ou un avertissement concernant le caractère des autres auteurs. Pas du tout. Mais il aurait pu devenir une prémonition si je ne choisissais pas de réconcilier mon énergie et ma croyance limitante. Ce rêve m'indique la direction que prend mon énergie, ce qui signifie que c'est ce que je vais visualiser.

DÉPROGRAMMER LES CROYANCES LIMITANTES

Reconnaissante d'avoir conscience de la façon dont je considérais cette séance de dédicaces comme une épreuve olympique et du fait que je me pensais insignifiante, j'ai examiné cette croyance. Était-ce vrai ?

Pas sûr.

Une fois que j'ai sorti cette croyance de mon subconscient et que je l'ai inspectée de plus près, j'ai reconnu le fait que je n'étais pas invisible. De nombreux autres auteurs s'arrêtent toujours à ma table en séance de dédicaces pour dire bonjour, acheter mes libres ou pour faire la conversation. Et pourtant, je persiste à voir la réalité à travers une lentille déformée par le doute et la peur de ne pas être à ma place. (Ah, ces vieilles blessures du collège qui remontent à la surface pour être soignées à nouveau !)

Je me suis rendu compte que les séances de dédicaces comme celle-ci attirent des centaines d'auteurs et des milliers de lecteurs. Beaucoup d'auteurs, tout comme nos lecteurs, sont introvertis. La plupart d'entre nous ont grandi, le nez dans des bouquins au lieu de socialiser avec nos pairs ; il est donc logique de ne pas voir beaucoup de visages ouverts et souriants en séance de dédicaces. Les autres auteurs sont sans doute bloqués par le syndrome de l'imposteur et des comparaisons qui n'ont pas lieu d'être, tout comme moi ! Nous sommes nerveux, espérons tout faire comme il faut et voulons également nous démarquer.

J'ai également besoin de prendre du recul. J'ai peut-être vendu quelques millions de romans, mais si l'on regarde le tableau dans son ensemble – le nombre de livres publiés, le nombre de lecteurs, et le nombre de gens qui peuvent ou veulent réellement se rendre à une séance de dédicaces à un endroit donné –, il est logique que je ne puisse pas avoir toute une horde devant mon stand. Cela ne signifie pas que je ne suis pas une *vraie* auteure. Le fait que je sois invitée à un si grand événement démontre que j'ai déjà prouvé ma valeur ! Je suis une professionnelle et n'ai aucune raison de me sentir inférieure parce que mes fans ne se déplacent pas partout pour me voir. (Mais je pourrais très certainement commencer à attirer cela grâce à des rêves lucides !)

Pour ce qui est du parcours d'obstacles, j'ai une méthode très simple. Dès que quelque chose est difficile, je demande simplement : « Univers, montre-moi la facilité. », ou encore : « Comment cela pourrait-il être plus simple ? » Avoir l'intention de trouver la facilité quand vous avez l'habitude de vous donner du mal pour réussir peut faire une énorme différence dans votre vie !

Vous voyez donc toute l'importance de ce rêve !

Si je désire qu'une horde de lecteurs se présente à ma table, *mais que je crois en réalité que les séances de dédicaces ne sont pas évidentes et que je suis insignifiante,* mon énergie n'est pas en accord avec la réception de cette projection.

Cette analyse m'a révélé les blocages dont je devais me débarrasser afin d'attirer réellement à moi la fréquence d'avoir de nombreux lecteurs à mon stand.

En fin de compte, cette séance de dédicaces a été une expérience totalement différente pour moi. Ma peur d'être invisible n'existait plus. Je ne suis plus partie du principe que les autres auteurs me trouvaient insignifiante. Bien au contraire, j'ai demandé des numéros de téléphone, ai organisé des rencontres autour d'un repas et ai prêté attention au nombre d'auteurs qui sont venus me voir pour me dire que mon livre *Écrivez votre réussite* avait changé leurs vies. J'ai également eu une nouvelle expérience avec les lecteurs cette fois-ci. Par le passé, j'aurais pu me sentir déçue si quelqu'un se contentait de me saluer et de me dire que mes livres étaient géniaux sans en acheter un. Mais cette fois, j'ai reconnu le fait que certains n'avaient peut-être pas envie de rentrer chez eux avec cinquante livres en version papier et qu'ils ont probablement déjà les miens sur leurs tablettes. J'étais donc en mesure de recevoir leur amour, leur appréciation et leur admiration au lieu de me demander ce que je faisais de mal pour qu'ils ne prennent pas la peine d'acheter un de mes livres en mains propres.

NOS RÊVES RÉVÈLENT NOS BLOCAGES

À mesure que vous mettez en application les étapes de *Dormir jusqu'au succès*, vous commencerez probablement à vous souvenir de davantage de rêves ou à remarquer que vous en avez plus que d'ordinaire. Voilà toute la beauté de la rétro-ingénierie en matière de rêves et d'énergie. Vous avez désormais le pouvoir de changer les rêves qui ne vous plaisent pas afin de les aligner avec la vie que vous désirez créer. Vous avez désormais le pouvoir de mettre à jour l'image que vous avez de vous-même, d'intégrer votre part d'ombre et d'accéder à la plénitude ainsi qu'au bonheur.

Pour commencer l'analyse de vos rêves :

1. **Dressez la liste des thèmes et émotions récurrents que vous avez remarqués dans vos rêves.**

Par exemple, des thèmes récurrents pourraient être : se retrouver devant une épreuve sans préparation (j'ai personnellement eu affaire à celui-ci hier soir : j'avais un partiel de chimie alors que je n'avais assisté qu'à un seul cours !), se faire voler, ne pas se faire payer, mettre bébé au coin, se sentir insignifiant, sentir le besoin de se défendre de quelqu'un ou de quelque chose, ne pas se sentir à la hauteur ni à sa place.

2. Dressez la liste des personnages récurrents de vos rêves.

Est-ce que votre ex revient souvent ? Y a-t-il une sorte d'anti-vous – quelqu'un de totalement opposé – qui est organisé alors que vous êtes chaotique ? Quelqu'un de dominant alors que vous êtes soumis(e) ? Une célébrité, peut-être ? Voyez-vous souvent vos parents ou un ancien professeur ? Y a-t-il une figure d'autorité qui vous délivre une vérité dure à avaler dans vos rêves ? (La proviseure de mes enfants est une fois apparue dans un rêve vers la fin de mon mariage pour me dire qu'il était temps que je divorce. Puisque je travaille à mon compte, j'imagine qu'elle est la seule figure d'autorité à laquelle mon cerveau peut recourir.)

3. Prêtez attention aux endroits et aux environnements présents dans vos rêves.

Mes rêves ont souvent lieu dans la maison de mon enfance ou dans la première maison que j'ai achetée avec mon ex-mari et, comme je l'ai mentionné plus tôt, dans des endroits encombrés et en désordre. Quels sont les cadres typiques de vos rêves ?

TRAVAILLER AVEC LE CONTENU DE SES RÊVES

Creuser le contenu de vos rêves pour en extraire des blocages, des fréquences ou des thèmes qui ne représentent pas la direction que vous souhaitez manifester en vaut la peine. Je sais, j'avais pour habitude de refuser d'accorder la moindre attention à mes rêves parce que... *bah*. Ils étaient toujours en rapport avec mes complexes et mes difficultés. Rien que je n'aie envie de ressasser pendant la journée.

Mais tout l'intérêt de *Dormir jusqu'au succès* est de réellement intégrer toutes ces parts oubliées ou niées de nous-mêmes afin que nous soyons entièrement sur la même longueur d'onde que l'avenir que nous créons.

Les thèmes

Tout comme dans mon histoire à propos de la séance de dédicaces, vos rêves pourraient révéler des blessures profondes, telles que les suivantes :

- Le sentiment de ne pas être à la hauteur.
- Le sentiment de ne pas être à sa place, socialement parlant.
- L'acharnement.
- Ne pas être écouté(e) ou entendu(e).

Peu importe la blessure, examinez-la avec compassion envers vous-même. Reconnaissez que le contenu de tel ou tel rêve est un cadeau vous montrant les quelques parts de votre être qui ont besoin d'amour et d'intégration.

Demandez-vous : « **Où est-ce que je me sens ainsi dans ma vie ?** » N'oubliez pas que l'extérieur est comme l'intérieur. Vous en rêvez car votre énergie est alignée sur ce sentiment. L'image que vous avez de vous-même porte ce thème, quelque part dans votre vie. Peut-être avez-vous rêvé que vous étiez en retard pour un examen important et que, même si vous n'avez plus mis un pied dans une salle de classe depuis vingt ans, ce sentiment correspond à la terreur qui entoure le délai de votre prochain projet.

Posez-vous donc la question : « **À quand remonte la**

première fois que je me suis senti(e) ainsi ? Quel âge avais-je ? Que se passait-il ? »

Bien souvent, nous adoptons des croyances très fortes et une certaine image de nous-même après des traumatismes vécus pendant l'enfance.

Par exemple, le malaise que je ressens en public et mon sentiment d'invisibilité proviennent de ma solitude au collège. À chaque fois que je me pose la question : « À quand remonte la première fois que je me suis sentie ainsi ? », le même souvenir me vient en tête. Je me trouve devant le collège, gênée car mon chemisier est couvert de sang puisque j'ai saigné du nez, et personne ne daigne tourner les yeux dans ma direction.

J'ai probablement projeté le fait d'être invisible aux yeux de la foule, car mon embarras était total à cet instant. Pourtant, ce souvenir me décrit comme une jeune fille souffrante et personne n'avait remarqué qu'elle s'était pris un frisbee en pleine figure. Personne ne s'était soucié que du sang s'écoule abondamment de mon nez et que mon chemisier blanc – que j'allais devoir porter jusqu'au soir – était ruiné par une horrible tache.

Vous voyez, nous sommes tous dotés d'un grand pouvoir de visualisation. Cette part de moi qui cherchait avant tout à me protéger de l'embarras m'a également maintenue invisible pendant toutes les années qui ont suivi ! Dans le même temps, une autre part, celle qui *voulait* de l'attention, n'a pas arrêté de s'en plaindre.

La prochaine étape est d'avoir une conversation avec ce souvenir. Montrez-lui que vous ne vous trouvez plus dans la situation dans laquelle vous étiez jadis. Vous n'avez plus besoin de protection.

Appelez l'enfant qui sommeille en vous pour une discussion à cœur ouvert. Je rencontre souvent la mienne dans ce que j'appelle le « vide » – un sol blanc et le néant tout autour.

(Cela ressemble à l'endroit où va El dans *Stranger Things*, en enlevant l'aspect humide, sombre et flippant !) Ou bien je m'imagine en haut d'une montagne de cristal et appelle mon enfant intérieur.

Une fois réunis, regardez cette scène avec vos yeux d'adulte.

Mettre de la distance entre vous pourrait aider. Imaginez peut-être votre enfant intérieur comme un petit garçon joufflu qui n'a rien à voir avec vous. Si vos cheveux sont blonds, les siens seront bruns. Si vous avez une vision parfaite, il aura des lunettes épaisses et tordues. Imaginez-le ensuite comme l'acteur de ce souvenir. Lui en voudriez-vous pour ce qui a mal tourné ? Ou diriez-vous plutôt : « Non, tu n'es qu'un gentil petit garçon qui faisait simplement du mieux qu'il pouvait à cet âge-là. » ? Vous voudriez lui faire un gros câlin avec toute la compassion dont vous pouvez faire preuve.

Allez-y, faites-le maintenant. Remplacez l'enfant que vous étiez avec un autre, totalement différent pour vous séparer du souvenir, puis analyser la situation du point de vue d'un observateur neutre. S'il s'agissait de votre enfant, penseriez-vous qu'il ou elle a mal agi ?

Maintenant, relâchez l'intégralité du souvenir et tous les mauvais sentiments qui l'entourent en laissant l'image se dissoudre dans des étincelles de la couleur de votre choix.

Dans mon exemple, je pourrais prendre la fille que j'étais par la main et lui montrer la femme que je suis aujourd'hui – une auteure à succès qui a des amies merveilleuses et des enfants fantastiques. Je pourrais lui dire : « Je ne suis plus bizarre. J'ai grandi. Les gens adorent me parler maintenant. Et j'ai des amies. Si je tachais mon chemisier, je rigolerais en disant que c'est quelque peu embarrassant, mais je n'aurais pas besoin de disparaître. » Je pourrais ajouter : « Ma petite Renée, tu étais parfaite à l'époque. Tu ne vois pas que les garçons qui jouaient avec leur frisbee n'ont pas fait exprès de te faire mal ? Et, oui, ils ne se sont pas excusés, mais ils étaient eux aussi des enfants gênés qui ne voulaient pas ajouter de la culpabilité à leurs problèmes. Je sais que tu as l'impression d'avoir mal agi dans cette situation. Comme si tu n'aurais pas dû exister, comme si tu avais mal géré le problème ou comme si tu n'aurais tout simplement pas dû être en vie pour éviter ce frisbee. Mais tu n'as rien fait de mal. Rien du tout. »

Cet avatar redevient alors l'enfant que vous étiez. Allez à sa rencontre. Visualisez-vous ensemble, debout sur un sol blanc, sans rien autour. Prenez votre enfant intérieur dans vos bras et donnez-lui votre amour en l'intégrant de nouveau en vous.

Laissez le processus se dérouler un moment.

Ensuite, ressentez le sentiment de pouvoir et de plénitude qui vous gagne maintenant que vous avez incorporé cette partie meurtrie de votre être. Y a-t-il un animal sauvage ou une créature mythologique que vous pourriez associer à cette renaissance ? Une odeur ? Utilisez-les comme point d'ancrage lorsque ce sentiment refait surface.

Je pourrais faire un énorme câlin à la fille de douze ans que j'étais et lui dire qu'elle est en sécurité. Nous avons grandi. Nous n'avons plus à nous sentir ainsi, plus jamais. Je peux lui dire : « Merci d'avoir essayé de me protéger de l'embarras en me rendant invisible. Merci de m'avoir éloignée des gens pour que je ne souffre pas. Mais je n'en ai plus besoin. » Alors que je la réintègre dans le tout, je vois une couleur qui tire sur une teinte claire de magenta. L'animal spirituel dont je vais me servir pour me souvenir que je suis une adulte et que ce souvenir est libéré est le faucon. L'odeur, quant à elle, est celle de la brise marine.

Si vous vous souvenez que votre cerveau essayait simplement de vous protéger, vous verrez que ces mesures, ces comportements, ont simplement besoin d'une petite mise à jour.

Plus vous aurez de compassion à apporter à cette conversation, plus vous serez à même de vous extirper de ce sentiment d'avoir tort, de ne pas être prêt(e), de ne pas être à votre place, d'avoir peur, d'être violenté(e), ou tout ce que vous n'aimez pas dans ce sentiment qui survient dans vos rêves.

Tandis que je commençais à jouer avec mon sommeil et mes rêves pour visualiser, l'une des images que j'ai essayé d'invoquer dans mes rêves était celle me décrivant devant un stade rempli de monde. À mes yeux, cela représentait le fait que j'arrivais à toucher des milliers de personnes via mes livres et mes coachings.

Je parvenais à rêver du stade... en quelque sorte. Au lieu d'être devant le public, *j'étais la femme de ménage qui balayait sous les gradins pendant que les gens tapaient des pieds au-dessus de moi en criant le nom de quelqu'un d'autre !*

Bon, il ne s'agissait que de ma première tentative. Il n'y avait pas mort d'homme. J'ai réussi à rêver du stade – une grosse réussite en soi. Néanmoins, cela m'a clairement montré que je me trouvais sous le joug de croyances limitantes quant à là où était ma place. Le thème, à l'instar du rêve de la séance de dédicaces, était mon sentiment d'être insignifiante. Je ne suis pas apparue sur la scène ni sur le terrain. J'en étais très loin, sans pour autant quitter le stade !

Mignon. Très mignon.

Dans ce cas précis, travailler avec la part de mon être qui se sent insignifiante serait utile. Devenir lucide pourrait également aider. Par exemple, j'aurais pu devenir lucide en réalisant que je me trouvais sous les gradins, et pas sur scène, et ainsi modifier le rêve. Ce n'est pas arrivé dans ce rêve-ci, mais dans d'autres, j'ai été invitée aux Emmys, j'ai prononcé un discours aux Grammy Awards et des gens m'applaudissaient quand j'entrais quelque part. Tout ceci montre que mon subconscient commence à s'acclimater à l'idée que je devienne plus qu'une femme de ménage sous les gradins d'un stade.

Les gens

Si Jung a vu juste et que tous les personnages de nos rêves représentent des aspects de notre être fragmenté, alors ils comprendront des parts de nous-mêmes que nous ne voulons pas incarner ou auxquelles nous ne donnons pas la permission d'exister. Cela signifie-t-il que notre ex est un reflet de nous-même lorsqu'il ou elle apparaît dans un rêve ?

J'ai passé beaucoup de temps à réfléchir à cette question.

En un sens assez général, je crois que oui. Car votre ex pourrait représenter une partie non revendiquée de vous-même. Par exemple, j'étais attirée par des mâles dominants parce que je refusais d'être dominante moi-même. Votre ex pourrait également représenter une part de votre être que vous rejetez. Que rejetez-vous, chez cette personne, qui est également présent en vous ?

Parfois, les gens sont des sortes d'écrans de fumée dans vos rêves – ils représentent une certaine présence énergétique au sein de votre vie –, comme la proviseure qui incarnait pour moi l'autorité. (Mais il s'agissait en réalité de mon Moi supérieur qui me donnait la réponse que je cherchais.)

Avant que je n'apprenne à exprimer ma colère et à poser des limites appropriées, la fille que j'incarnais dans mes rêves était souvent une adolescente énervée. Elle criait sur tout le monde, tapait du pied et donnait même des coups. Je l'appelais la « Furax ».

J'avais horreur de ces rêves car, à l'époque, il m'était inconcevable d'exprimer ma colère. J'étais toujours censée être joyeuse et gentille – ou, du moins, diplomate ! Cette adolescente n'était rien de tout cela, et j'ai donc continué à la rejeter. Bien évidemment, elle me montrait une part de moi-même que je refusais d'exprimer, mais je n'étais pas prête à la revendiquer puisque, dans mon esprit, elle manquait de grâce et de maturité.

Lorsque je consultais des acupuncteurs ou des masseurs spécialisés dans le Shiatsu, ils me disaient toujours que mon foie était bloqué, et que le foie représentait la colère. J'étais complètement mystifiée par ces remarques, moi qui ne croyais absolument pas être une femme en colère. *J'étais tout l'opposé, voyons !* Mais plus je rejetais cet aspect de moi-même, plus mon corps en souffrait, jusqu'à ce que je finisse par développer une maladie auto-immune.

Ce n'est que lorsque j'ai reçu une forme de thérapie énergétique, qui a radicalement purifié mon énergie, que j'ai remarqué la différence dans la vie que je menais. Qu'il était bon de ne plus ressentir cette fureur sous-jacente à chaque instant ! Je ne souffre plus de ce genre de rêves aujourd'hui et je ne ressens que rarement les symptômes de ma maladie.

Revendiquer et soigner ces parts fracturées de notre être est la clé pour trouver non seulement la santé physique, mais également pour faire passer nos projections en mode supersonique.

En avoir conscience est la première étape, et la plus importante, sur le chemin de la guérison. Au lieu de rejeter nos traits de caractère sombres – ceux dont nous nions la présence ou le désir, ou dont l'on voudrait se débarrasser –, nous les ramenons à nous.

Ce processus est similaire à celui que nous avons mis en place pour travailler sur un souvenir traumatique.

Regardez les personnages présents dans vos rêves et demandez : « En quoi ceci pourrait être une part non revendiquée de moi-même ? »

Dans le rêve que j'avais eu concernant mon divorce, la proviseure représentait une part cachée de moi-même qui connaissait déjà la réponse au dilemme auquel j'étais confrontée. Dans celui à propos de la séance de dédicaces, l'auteur qui m'ignorait représentait la part de moi-même qui ne pensait pas mériter que l'on s'adresse à elle.

Dès que vous réaliserez que tous ces personnages sont une expression de votre être, il vous sera facile de comprendre le message que votre subconscient essaie de vous transmettre. Si quelqu'un vous critique, vous saurez qu'une part de vous-même vous juge.

Si quelqu'un vous vole dans un rêve, il se pourrait que vous vous voliez vous-même – du temps, de l'argent, du bonheur ? D'où vient cette crainte d'être volé(e) ? Êtes-vous en mesure de guérir cette part de votre être afin qu'elle ne figure plus dans votre champ énergétique ?

Le processus de guérison est le même. Vous pouvez répéter ce que nous avons vu pour vous réconcilier avec votre enfant intérieur ou simplement discuter avec ce personnage onirique.

SOIGNER UN PERSONNAGE ONIRIQUE

1. Appelez-le dans l'espace au sol blanc ou en haut de la montagne de cristal pour une petite conversation.
2. Reconnaissez qu'il ou elle est une part de vous-même.
3. Si ce n'est pas clair, demandez : « Qu'essaies-tu de me montrer ? »
4. Si vous ne recevez pas de réponse à cette question, sachez qu'elle viendra. Le simple fait de la poser ouvre la possibilité aux réponses de vous trouver.
5. Dites-lui que vous avez reçu sa leçon.
6. Reconnaissez les cadeaux qu'il ou elle vous présente.

7. Remerciez le personnage pour ce qu'il vous montre dans vos rêves.

Quand je travaillais avec la « Furax », elle ne voulait absolument pas être câlinée. Elle m'a dit qu'elle devait être en colère et violente parce que je ne me défendais pas face aux autres. Elle essayait de me protéger et de ne pas me laisser devenir une serpillère. Je lui ai répondu qu'elle avait raison, mais que je n'allais plus chercher à contenter tout le monde et que j'allais exprimer ma colère quand les gens dépasseraient les bornes. J'ai demandé si elle pouvait trouver un autre moyen de me soutenir ou de m'assister, et je l'ai vue mettre sa hargne à profit pour vendre mes romans et me permettre d'en adapter à la télévision. Dire que je suis surexcitée par ce dénouement est un euphémisme. Moi qui avais essayé de réprimer cette « Furax » toute ma vie, car notre culture nous inculque qu'une femme doit garder son sang-froid en toute circonstance. Les gentilles filles ne se mettent pas en colère. Pour couronner le tout, je considérais – avec tout mon bagage spirituel – que cette émotion appartenait aux basses vibrations et qu'elle ne me permettrait pas de visualiser ce que je désirais. Et pourtant, c'est en repoussant cette part de moi-même que j'ai jeté mon propre pouvoir créateur à la poubelle.

L'endroit

Lorsque l'on écrit de la fiction, on réfléchit au cadre dans lequel l'action se déroule comme à un personnage à part entière.

Il en va de même pour nos rêves.

Vous pouvez considérer l'endroit où se déroulent vos rêves comme un personnage, une autre part de vous-même. Que cherche-t-il à vous montrer ou à vous dire ? Avez-vous souffert là-bas ? Que représente-t-il à vos yeux ?

Dans mon cas, le thème récurrent est l'encombrement, le

désordre, donc je dois me demander : « De quoi ce désordre me fait-il prendre conscience dans ma vie ? »

Mon intuition me dit qu'il s'agit du bazar que j'ai souvent dans la tête.

Je suis du genre à avoir vingt-quatre onglets ouverts sur mon navigateur en toute circonstance. Ma maison n'est pas aussi propre ni ordonnée que je le voudrais, même si j'ai engagé des professionnels pour m'aider à améliorer la situation.

Pourtant, cela ne suffit clairement pas. Je dois donc me demander : « Où puis-je demander plus d'espace ? Où puis-je éclairer les ténèbres et rendre mon environnement – intérieur comme extérieur – plus sain pour moi ? Plus accueillant ? »

C'est pour cette raison que jouer avec les rêves lucides, devenir lucide et agiter la main pour ranger le désordre crée un sentiment d'espace dans mon quotidien.

Je commence désormais à rêver de plus grandes pièces. Tout est plus grand, du sol au plafond, et même si le chaos règne toujours dans une certaine mesure, c'est mieux que jamais.

Essayez de travailler sur l'endroit de la même façon avec laquelle vous avez travaillé sur les thèmes ou sur les personnages présents dans vos rêves. Considérez-le comme tel.

Vous pouvez faire preuve d'autant de créativité que vous le souhaitez. Vous seul(e) savez ce dont vous avez besoin. Mais si vous voulez une trame simple à suivre, voilà à quoi la guérison d'une part fracturée de votre être pourrait ressembler :

Travailler avec une part fracturée de vous-même

1. Appelez le personnage (ou l'environnement) de vos rêves dans votre esprit. Où sentez-vous que cette part fracturée réside dans votre corps ? Par

exemple, avez-vous la poitrine serrée lorsque vous y pensez ?
2. Demandez-lui de vous rencontrer dans l'espace au sol blanc sans rien autour.
3. Faites-lui face et considérez-la comme une coéquipière. Cette part de vous n'est pas un adversaire à abattre ni à déjouer. Elle se manifeste pour vous aider et vous donner ce qui, selon elle, vous protégera.
4. Demandez-lui quels sont les cadeaux qu'elle essaie de vous offrir. Comment essaie-t-elle de vous protéger ?
5. Remerciez-la.
6. Si le cadeau n'est pas désiré (dans mon cas, me rendre invisible), dites-lui que vous n'en avez plus besoin aujourd'hui. Vous lui êtes reconnaissant(e), mais vous pouvez désormais vous débrouiller seul(e).
7. Demandez-lui si elle peut trouver une nouvelle façon de vous aider en restant à vos côtés.
8. Lorsque vous avez le sentiment d'être parvenu(e)s à un accord, imaginez cette part de votre être revenir dans votre corps pour se dissoudre dans votre pouvoir. Vous l'absorbez et devenez ainsi plus puissant(e). Remarquez si le sentiment que vous aviez au départ a changé.

Travailler avec son enfant intérieur :

1. Posez la question : « À quel âge ai-je ressenti cela pour la première fois ? » Regardez si un souvenir particulier se manifeste. Si ce n'est pas le cas, vous

pouvez en inventer un. Par exemple, le chemisier taché de sang a marqué mon esprit, mais il représente surtout trois années passées sans la moindre amie, à me sentir comme une paria.
2. Appelez cette version de vous dans la pièce au sol blanc.
3. Faites-lui face et assurez-vous de lui adresser de la compassion.
4. Si vous éprouvez des difficultés à le faire, transformez votre enfant intérieur en un avatar différent.
5. Observez le souvenir ou la scène imaginée avec un regard adulte et compatissant. Ressentez de la sympathie pour ce qu'a traversé votre enfant intérieur. Remarquez qu'il ou elle ne doit pas être blâmé(e) pour ce qui s'est produit. Il ou elle faisait simplement de son mieux avec ses moyens du moment.
6. Maintenant, montrez à votre enfant intérieur que les décisions qu'il ou elle a prises à ce moment-là ne sont plus (ou n'ont jamais été) vraies. Dites-lui que vous avez du succès, qu'on vous aime et que vous êtes parfaitement adapté(e) à votre environnement. Vous n'avez plus besoin de l'image que votre enfant intérieur a forgée à la suite de ce traumatisme.
7. Faites sentir à votre enfant intérieur qu'il ou elle est en sécurité. Le passé est révolu. Il ou elle peut venir avec vous dans la lumière du présent. Demandez-lui ce dont il ou elle a besoin.
8. Prenez votre enfant intérieur dans vos bras et faites-lui un câlin (si tel est son souhait). Peut-être qu'il ou elle veut simplement être vu(e), écouté(e) et accepté(e). Après lui avoir donné ce dont il ou elle

avait besoin, laissez le souvenir se dissoudre dans des étincelles. De quelle couleur sont-elles ? Vous pourriez aussi choisir d'envoyer le souvenir dans une flamme pour l'incinérer. De quelle couleur est cette flamme ? Quelle odeur associeriez-vous à la scène ?
9. Si vous pouviez choisir un animal sauvage ou mythologique pour représenter votre nouvel être, pleinement intégré, lequel serait-ce ?
10. Utilisez cette odeur et cet animal spirituel comme des points d'ancrage si vous ressentez ce sentiment à nouveau. Appelez-les et rappelez-vous que votre système est désormais intégré et mis à jour.

Nos rêves nous révèlent nos aspirations ainsi que nos blessures profondes. Ils nous offrent des indices quant à l'endroit où se cachent nos blocages. Creuser le contenu et les thèmes récurrents de vos rêves vous donne l'occasion de guérir, de changer et d'évoluer. Une fois que vous commencerez à prêter attention aux thèmes, aux environnements et aux gens qui reviennent fréquemment dans vos rêves, vos conflits et espoirs intérieurs deviendront plus clairs. Vos rêves lucides peuvent également vous aider à réaliser que vous avez le contrôle sur la situation, quelle qu'elle soit.

Lisa Daily, auteure et coach spécialisée dans la non-fiction qui m'a aidée à écrire ce livre, a commencé à prêter attention à ses rêves afin de mieux comprendre la méthode que je cherchais à transmettre à mes lecteurs. Alors qu'elle s'approchait d'un changement de vie radical, elle a remarqué que ses rêves la décrivaient souvent coincée dans des sables mouvants, attachée aux rails d'une voie ferrée ou enchaînée à une chaise avant d'être abandonnée à son sort. Chaque scénario impliquait un piège mortel.

Elle a embarqué dans un voyage lié à ce changement de vie, et tout ce qui pouvait aller de travers a semblé se concrétiser. Tandis qu'elle avait l'impression de ne plus avoir de contrôle sur rien, Lisa n'a pas perdu son optimisme. En tant que pratiquante expérimentée de la projection, elle s'est dit : « Tout finit toujours par s'arranger pour moi. » et : « Je m'améliore toujours. » Et la situation s'est bel et bien arrangée pour un temps. Son vol a décollé avec quatre heures de retard, ce qui lui a fait rater sa correspondance, mais elle n'a pas abandonné son mantra en s'attendant à ce que tout finisse par s'arranger, et on lui a miraculeusement permis d'embarquer sur un autre vol. Hélas, ces bonnes vibrations se sont effondrées à la fin du voyage. La pauvre a dû dormir dans un hôtel d'Oklahoma City avec un bébé malade. Le sentiment qu'elle n'avait de contrôle sur rien projetait des situations dans lesquelles, effectivement, elle perdait le contrôle.

Voilà qui n'était *pas* ce à quoi elle s'attendait en pensant que tout allait s'arranger.

Plus tard cette semaine-là, Lisa a de nouveau rêvé être en péril. Cette fois, elle était enchaînée à un mur. Elle est parvenue à se souvenir du contenu de ce livre et à devenir lucide – en réalisant enfin qu'elle pouvait modifier ce dénouement funeste. Lorsqu'elle a examiné les chaînes qui l'entravaient, elle a remarqué qu'elles étaient similaires à celles que les deux amoureux portent sur la carte du Diable dans le tarot : de simples cordelettes pouvant être retirées à tout instant !

Lorsqu'elle s'est réveillée, Lisa a compris le sens de son rêve, ainsi que le message qu'il avait à transmettre. Elle percevait ce changement de vie comme une fatalité alors que, en réalité, elle avait le choix. Elle était libre de se débarrasser de ces chaînes à tout moment et de choisir librement d'embrasser ce changement ou de le refuser. Cette sensation de péril imminent et de ne pas avoir le choix n'était qu'une illusion.

Dès qu'elle s'en est rendu compte, la situation de Lisa est immédiatement devenue plus légère. Toute son énergie était désormais en accord avec son changement de vie.

Je crois qu'il est important de noter que ce travail intérieur et cette épiphanie étaient bien plus importants que le mantra : « Tout finit toujours par s'arranger pour moi. » C'est pour cette raison que les procédés décrits dans ce livre représentent la projection 2.0. Changer les schémas de pensée présents dans notre conscience est une pratique immensément puissante – et qui peut donner de grands résultats –, mais lorsque nous ne manifestons pas ce que nous pensions vouloir, cela peut être le signe que certaines parts de notre subconscient ne sont pas sur la même longueur d'onde.

Il nous est impossible de savoir si le voyage de Lisa se serait mieux déroulé si elle avait effectué cette analyse, ce rêve lucide, et la clarification de son subconscient – ou Moi supérieur –, plus tôt, mais je soupçonne que cela aurait été le cas. Son conflit interne et la lourdeur qui l'entourait se sont probablement manifestés sous la forme d'imprévus dans son voyage, ou, au moins, de sa débâcle émotionnelle face à ces derniers.

Cela ne signifie pas pour autant que les imprévus n'arrivent jamais et que vous êtes responsables de leur apparition. Pas du tout. Mais il est parfois possible que, même si vous pensiez être pleinement en train de visualiser, la réalité ne s'accorde pas à votre vision – ce qui suggère qu'une part de votre être n'est pas en accord avec le résultat que vous désirez atteindre.

Travailler avec cette résistance équivaut à une liberté

totale car, même si les choses ne tournent pas comme vous le vouliez, vous serez fluide dans le moment présent – et donc capable de gérer n'importe quelle situation.

JEUX À LA MAISON

1. Continuez votre routine sacrée chaque soir.
2. Jouez avec les rêves lucides et documentez vos rêves dans votre journal en recherchant des thèmes récurrents.
3. Pratiquez l'une des méthodes de guérison décrites dans cette section pour soigner un élément récurrent de vos rêves.
4. Complétez l'exercice d'écriture libre ci-dessous :

EXERCICE D'ÉCRITURE LIBRE SUR LES RÊVES

Prenez votre journal et écrivez librement les réponses aux questions suivantes. Assurez-vous d'éteindre votre esprit conscient. Laissez les réponses s'échapper de vos tripes, les premiers mots qui vous viennent en tête. Suivez ce fil créatif et regardez ce qui en émerge.

1. Que signifie [choisissez un thème récurrent à explorer] pour moi ?
2. De quelle manière [choisissez un personnage récurrent de vos rêves] est un aspect de moi-même ?
3. Qu'est-ce que [choisissez un environnement récurrent] représente pour moi ?

Une fois que vous avez inspecté les thèmes et les significations profondes de vos rêves, déterminez si une part de vous souhaite être écoutée, entendue et soignée. Suivez les étapes proposées pour travailler et guérir votre enfant intérieur ou une part fracturée de votre être.

CHAPITRE ONZE

UTILISER LES RÊVES POUR TROUVER DES
RÉPONSES INTUITIVES

Les rêves peuvent constituer un puissant moyen de contempler les autres domaines de notre existence.

Tous les rêves n'ont pas pour but de permettre à votre subconscient d'extérioriser ses problèmes ni de consolider vos souvenirs. Ils se montrent parfois sous la forme de messages : il s'agit de votre intuition qui s'exprime lorsque vous êtes prêt(e) à recevoir l'information.

Vous êtes bien souvent capable de comprendre qu'on cherche à vous montrer ou à vous dire quelque chose, et qu'il ne s'agit pas d'une simple errance de votre cerveau, mais les messages de votre intuition peuvent parfois avoir l'air de rêves tout à fait normaux.

Ces messages pourraient venir d'une partie réprimée de votre subconscient, de votre Moi supérieur, de vos guides spirituels, des anges ou même d'un proche décédé.

J'ai découvert que je suis la plus intuitive juste après le

réveil, lorsque les voiles entre le conscient et le subconscient sont levés. Voilà pourquoi j'aime me servir de mon journal pour poser des questions et recevoir des réponses.

Quand j'ai commencé à jouer avec les rêves lucides, j'ai rêvé de mon ex-petit ami. Profitant d'un éclair de lucidité, je lui en ai collé une. (Ne me jugez pas… c'était la fureur en moi qui parlait !)

Mais en un instant, la scène a changé. Je n'avais plus de contrôle sur le rêve et on me montrait quelque chose. Cet ex-petit ami et moi nous trouvions debout sur un grand tatami, comme celui qu'on trouverait dans une salle de judo. Nous nous battions l'un contre l'autre dans des mouvements rapides, allant d'avant en arrière tout en nous donnant des coups de pied et de poings entre deux parades. Puis, nous nous sommes arrêtés avant de nous incliner pour ensuite partir chacun dans des directions opposées.

J'ai instantanément compris le message.

Notre relation avait constitué un apprentissage pour nous deux. Il n'était pas à blâmer et ne méritait ni ma colère ni mes gifles. Nous avons tous les deux choisi de venir sur le tatami afin de pratiquer l'art de la compréhension, de l'amour et de la sexualité. Nos Moi supérieur ont arrangé notre collision dans cette vie pour que nous puissions tous deux grandir et évoluer. Donc, en vérité, j'ai obtenu de lui exactement ce dont j'avais besoin. La douleur de la séparation m'a fait examiner à la passion que je ressentais pour lui et m'a fait réaliser que j'étais attirée par des traits de caractères que je ne m'autorisais pas à avoir moi-même (la domination, l'arrogance, l'assurance et l'extraversion). Par conséquent, j'ai arrêté de chercher ces traits à l'extérieur et me suis donné pour mission de les trouver à l'intérieur. *Hé, la Furax ! Désolée de t'avoir réprimée.*

Ce rêve m'a montré que rien de tout cela n'était mal. Tout comme je ne serais pas en colère contre un partenaire de judo, il n'y avait aucune raison d'éprouver de la rancœur ou du ressentiment envers quelque chose que mon âme avait choisi d'expérimenter pour mon développement personnel.

COMMENT RECEVOIR DES RÉPONSES À PARTIR DE VOS RÊVES

Les rêves et le monde onirique constituent un espace sacré où vous avez accès aux informations quant à ce qui s'ouvre pour vous sur le moment et quant à ce qui est prêt à être soigné. Vous pouvez faire appel à votre propre sagesse intérieure ou à celle de l'univers, de la conscience collective, de vos guides spirituels ou de proches décédés.

Lorsque vous tombez dans les bras de Morphée, vous gagnez accès à l'éternité, un espace où le temps n'existe plus, un vide cinétique doté du potentiel créatif de tout ce que vous avez besoin de créer. Travailler dans cet espace peut-être aussi productif – si ce n'est plus – que de travailler avec votre esprit conscient.

Je suis certaine que vous, ou l'une de vos connaissances, avez déjà une ou plusieurs fois rêvé d'événements avant qu'ils ne se produisent.

Il y a deux ans, j'ai rêvé de Jane, une de mes amies auteures. Nous nous trouvions à la conférence de Novelists, Inc à laquelle nous avions l'intention de nous rendre plus tard dans l'année, mais elle était enceinte de neuf mois. C'était assez drôle puisque Jane avait déjà eu quatre enfants ; je pensais donc qu'un autre était très improbable.

Le lendemain, je lui ai envoyé un message afin de lui raconter mon rêve, qui était à mes yeux le signe qu'elle était sur le point de donner naissance à un projet créatif. Quelques semaines plus tard, elle m'a appelée pour me dire que ce rêve avait été prémonitoire : elle était enceinte. Et pour couronner le tout, le bébé devait arriver aux environs de la date de la conférence (à laquelle elle n'a pas assisté, bien évidemment !).

Sachez que le puits créatif existe et qu'il n'attend que vous. Dans vos rêves, vous pouvez voyagez jusqu'à l'infinité de possibilités qui vous sont uniques. Il n'y a que vous qui savez ce qu'elles sont. Vous pouvez utiliser ces rêves de manière intentionnelle afin d'apporter des réponses aux questions qui vous tracassent ou pour rassembler des informations sous forme d'intuition.

Le moyen le plus simple d'y parvenir est d'utiliser votre journal avant d'aller au lit. Écrivez les questions dont vous aimeriez connaître les réponses, le problème ou la personne qui suscite vos interrogations. Il pourrait s'agir de questions simples, telles que : « Quelle est la prochaine étape du projet sur lequel je travaille ? » ou « Sur quoi dois-je impérativement me concentrer demain ? » Il pourrait également s'agir de questions plus importantes telles que : « Devrais-je subir cette opération ? » ou « Est-il temps de mettre un terme à cette relation ? »

Tout comme vous avez maintenu l'intention de devenir lucide, ou de vous souvenir de vos rêves, et que vous vous l'êtes répétée toute la nuit, vous en ferez de même pour la réponse que vous attendez. Cela rendra une part de votre cerveau plus attentive aux symboles et aux images qui pourraient contenir un message.

Pensez à une question dont vous aimeriez connaître la réponse avant d'aller au lit et soyez ouvert(e) à la réponse. Vous remarquerez que vos rêves deviennent vivides, plus réalistes, et il se pourrait que vous découvriez que votre Moi supérieur vous montre ou vous dise quelque chose.

Être ouvert **au message de l'au-delà**

Mon amie Simone, shaman quantique et guérisseuse, a

rêvé que son père décédé lui rendait visite. Dans ce rêve, il était très content de lui parler et empli d'encouragements, déterminé à lui remonter le moral.

Toujours dans ce rêve, l'intuition de Simone l'a poussée à dire qu'elle ne devrait pas oublier de le raconter à sa mère à son réveil. Son père est alors devenu encore plus enthousiaste, comme si cela avait été son but. Il a révélé à Simone qu'il construisait une maison pour sa mère, là où il était.

Quand elle s'est réveillée, impossible pour elle de se souvenir du rêve. Mais puisque son Moi supérieur lui avait dit de ne pas oublier d'en parler à sa mère, Simone l'a donc appelée. Cette dernière lui a avoué qu'elle avait également rêvé de lui la veille et qu'ils avaient prévu de bâtir une nouvelle maison ; ils étaient littéralement assis au bureau de leur chambre, à dresser des listes et à planifier tous les détails, ce qui n'avait aucun sens pour sa mère. Il est aussi important de noter que ce jour-là était leur anniversaire de mariage.

Simone a fondu en larmes face à la beauté de la situation. Son père lui avait clairement rendu visite afin de joindre la femme qu'il aimait pour leur anniversaire de mariage en portant un message d'amour et la promesse d'une vie commune après la mort.

La photographe Liz Sisco, une amie qui participait également à mon cours *Écrivez votre réussite*, s'est inscrite à mon mini cours *Dormir jusqu'au succès*. Son chat, Joey, avait disparu depuis quelques semaines et elle essayait de savoir s'il était toujours en vie via son intuition.

Le deuxième jour du programme, elle m'a envoyé un message : « Entre notre premier et deuxième réveil, Joey m'est apparu. Il était assis sur les marches des escaliers, dans le noir, et il me regardait. Je ne me suis pas souvenue de mes rêves, mais il m'a rendu visite. »

Ce soir-là, elle a reçu un appel l'informant que Joey se

trouvait à la San Diego Humane Society dans un état grave et qu'il allait être euthanasié.

Elle m'a dit : « Nous nous sommes tous de suite rendus sur place. Nous sommes arrivés après la fermeture, mais assez tôt pour croiser le dernier employé avant qu'il ne parte. Il est allé trouver Joey et a laissé une note refusant l'euthanasie. Il nous a dit que Joey était très maigre et qu'il avait une masse cancéreuse sur le visage. Ils lui avaient donné de la morphine pour apaiser ses souffrances. Je ne sais pas qui, de Joey ou de moi, possède le pouvoir de manifestation le plus puissant. Dans tous les cas, je suis si heureuse de pouvoir le voir à nouveau. Merci d'avoir créé un espace pour que nous puissions jouer avec nos rêves et faire d'eux une réalité. »

L'auteure Amy Alessa a également participé à ce mini cours et m'a ensuite dit : « Tant de mes rêves contenaient mon mari et mes parents décédés. »

Dans l'un d'eux, feu son mari, Kyle, et elle se trouvaient à un gala de charité tenu dans une librairie. (Elle a travaillé dans une librairie et a enseigné dans le domaine de la publication pendant vingt-cinq ans.) « Nous n'arrivions pas à retrouver mon sac à main. Je m'accrochais à lui pendant que nous le cherchions, ne voulant pas couper la connexion. Nous devions partir rejoindre mes parents pour une petite fête et, enfin, certains de mes collègues à la librairie ont admis avoir caché mon sac pour que je revienne travailler. (Je venais tout juste de prendre ma retraite en tant qu'enseignante en mai et je n'avais plus travaillé à la librairie depuis des années.) Nous nous sommes donc dépêchés de partir chez mes parents, la maison de mon enfance, et sommes arrivés à temps pour la fête. J'avais cru qu'il s'agissait de la fête célébrant les cinquante ans de mon père – un très bon souvenir, d'ailleurs.

« Pour une raison que j'ignore, la fête était donnée en mon honneur, avec les grands gagnants de *Danse avec les stars* qui se produisaient et me parlaient. Mes parents voulaient que j'en profite, tout comme Kyle. Je me suis sentie aimée et soutenue, et j'avais l'impression que quelque chose d'excitant arrivait, un genre de surprise. » Elle a ajouté : « Dans plusieurs de mes rêves, je planifiais une fête ou je voyais mes proches décédés nous encourager, mes fils et moi, au travers de ce programme. Le thème qui revenait souvent était celui de tourner la page. Ce sont les plus beaux rêves que j'ai eus depuis que ma mère et Kyle sont morts en 2021. »

Si vous cherchez un message de la part d'un proche décédé, vos rêves pourraient constituer un merveilleux endroit pour les revoir. Le processus serait le même : ayez simplement l'intention de recevoir un message ou de rêver de la personne, et voyez ce qui se produit.

Utiliser les rêves pour l'intuition

1. Écrivez une question dont vous désirez connaître la réponse ou le nom de la personne dont vous voulez rêver dans votre journal avant de vous coucher.
2. Utilisez la méthode de votre choix pour vous endormir.
3. Rappelez-vous la question lorsque vous vous réveillez dans la nuit.
4. Au réveil, essayez de vous souvenir du contenu de votre rêve pour voir ce qui est apparu.
5. Si la réponse n'est pas là, répétez le processus plusieurs fois, peut-être cinq nuits, et passez ensuite à autre chose en sachant que l'infusion se fait. La réponse pourrait se manifester par un rêve ou par un autre moyen, mais vous avez effectué votre demande – et elle ne saura rester sans réponse.

CHAPITRE DOUZE

UTILISER SES RÊVES POUR GUÉRIR

GUÉRIR DE LA DOULEUR ET DES MALADIES

Vous pouvez également utiliser vos rêves pour guérir.

Bien souvent, la douleur provoque une dissociation avec le corps. Plus notre souffrance ou notre inconfort sont grands, plus nous quittons notre corps pour les éviter. Mais, tout comme nous devons ramener les parts fracturées ou obscurcies de notre subconscient à nous, il est nécessaire d'étendre le processus à tout le corps, surtout aux parties les plus vocales.

Le corps se sert parfois de la douleur pour attirer notre attention. Il est possible que ce soit un moyen pour votre subconscient de visualiser un problème à résoudre, comme ma maladie auto-immune était la conséquence de mon refus d'exprimer ma colère via le blocage de mon foie.

Si vous n'avez pas encore plongé dans les métaphores se cachant derrière la maladie ou la douleur, je vous recommande vivement de vous procurer *Soigner l'esprit, guérir le corps* de Louise Hay ou *Le langage secret de votre corps – Le guide essentiel à la guérison* d'Inna Segal. Vous trouverez dans ces livres des recueils de symptômes ainsi que les messages sous-jacents ou causes énergétiques associés. Selon Segal, par exemple, une douleur dans le genou droit indique une « difficulté à avancer dans sa carrière. Pensées limitantes. Peur de l'échec. » La solution qu'elle propose est de vous poser la question : « Où suis-je inflexible dans ma vie ? »

SE CONNECTER À SON CORPS

Si vous lisez ce livre, je sais que vous êtes déjà monté(e) dans le train de la loi de l'attraction. Vous savez certainement qu'une seule intention peut attirer l'argent, la magie et les miracles. Le simple fait de focaliser votre intention sur la guérison de quelque chose (sans que vous ayez besoin de savoir comment la guérison se fera ou de contrôler le processus) est puissant.

Ainsi, avant d'avoir l'intention de *rêver* de quelque chose, vous aurez l'intention de *guérir* durant la nuit. Tandis que vous plongerez dans le sommeil, vous vous connecterez à la part de votre corps ayant besoin de soins. Vous pourriez demander davantage d'informations quant à ce que votre corps essaie de vous dire. Plutôt que de penser à la douleur, pensez à un message ou à une intensité.

Demandez quels cadeau ou message cette douleur vous apporte. Parfois, nous avons des symptômes rappelant le rhume lorsque notre corps se débarrasse de quelque chose. Il s'agit de la manière dont votre enveloppe corporelle expulse l'énergie usagée de vos cellules. Chaque fois que je tombe malade, j'aime à croire que je suis en train de subir une mise à jour physique massive. Cela me place dans un état de gratitude face à un inconfort temporaire : j'évite ainsi la résistance.

Une fois, après une grande activation énergétique, j'ai eu 39,4 °C de fièvre. Nerveuse, j'ai appelé la praticienne qui m'avait traitée pour l'informer de la situation. Elle m'a suggéré un bain contenant le jus d'un demi-citron et des essences florales de mon choix pour m'aider à éliminer mes anciennes énergies en disant : « Qui sait le genre de merde psychique tu es en train de brûler. » J'ai suivi son conseil et ai fait confiance à la sagesse de mon corps : la fièvre a disparu dès le lendemain matin.

Evelyn Adams, auteure best-seller du *New York Times*, a récemment traversé une chimiothérapie très éprouvante. Même si sa dernière IRM ne montrait plus aucune tumeur et que rien ne laissait penser que le cancer reviendrait, elle craignait de revivre cette épreuve et m'a contactée pour que je l'aide à changer d'état d'esprit.

Je lui ai dit que, selon mon intuition, son cancer n'aurait pas besoin de revenir tant qu'elle aurait connaissance du *cadeau* ni message qu'il cachait, et qu'elle l'acceptât. Je lui ai donc demandé si elle savait quel était le cadeau qui se trouvait derrière son cancer. Ce à quoi elle a répondu : « J'hésite vraiment à appeler ça un cadeau. Ma sœur l'a appelé ainsi au début, et j'ai voulu la faire passer sur le capot de ma voiture. Je dirais qu'il s'agit plutôt d'une réinitialisation, d'une réévaluation forcée de mes priorités. »

Elle a ajouté : « Ça faisait un moment que je me négligeais pour mes enfants et tout le monde. Ma carrière stagnait et ma maison – comme tout le reste autour de moi – était un désastre. Le cancer ne me laissait plus de temps à perdre. J'ai donné une part de mes anciens ouvrages à l'une des maisons d'édition pour laquelle je travaille, et elle les a publiés à nouveau. J'ai demandé de l'aide à ma sœur pour faire en sorte que mon fils de vingt et un ans quitte le nid. Il vole désormais de ses propres ailes, ma maison est enfin propre et je commence à avoir l'impression d'être de nouveau chez moi. Là, je suis assise par terre, dans mon nouveau bureau, et j'assemble des meubles pendant que je me sens en forme. Je ne vis plus avec les niveaux de stress dont j'avais l'habitude et j'établis des limites pour donner la priorité à mon corps et à ma voix. Cette épreuve m'a ramenée à la réalité. Si je veux la vie que j'ai imaginée et que je présumais avoir, à un certain degré, c'est le moment. Je ne peux plus attendre. J'ai une voix, et je compte bien m'en servir. »

Lorsqu'elle s'inquiète de voir son cancer revenir, Evelyn se rappelle : « Si je reste limpide, mon corps en fera de même. »

DEMANDER À SON CORPS CE DONT IL A BESOIN

Demandez à votre corps ce dont il a besoin de votre part. La simple question : « De quoi as-tu besoin ? » pourrait vous livrer des réponses simples, mais pas moins puissantes. Vous pourriez entendre, voir ou sentir des choses comme le sel, le sucre, l'eau, l'air ou autre. C'est souvent le signe que vous vous refusez quelque chose.

Nous avons tous ces idées préconçues que le sel et le sucre sont mauvais pour nous, mais votre corps pourrait en avoir besoin pour guérir. Tout comme une femme enceinte a des envies étranges concernant la nourriture qui lui procurera les nutriments ou les minéraux dont son bébé a besoin, votre corps vous pousse à manger des cacahuètes salées ou à croquer dans un carré de chocolat noir, car il en a peut-être besoin pour guérir. Apprenez à différencier les envies de votre esprit de celles de votre corps. Beaucoup de choses sont devenues plus claires pour moi quand j'ai commencé à comprendre que mon corps et mon esprit étaient deux entités à part entière.

Votre corps et votre être sont deux entités séparées

En tant que praticienne de la méthode Feldenkrais®, j'ai appris à ne pas séparer le corps de l'être. Dans ma formation, nous ne montrions jamais de mouvements en parlant de corps, nous parlions toujours de la personne. Quand je croyais que ce tout était *moi*, j'ai connu la confusion. Quand j'essayais de manger de manière intuitive et de choisir les éléments de mon petit-déjeuner, j'avais l'impression d'entendre à la fois « céréales » et « smoothie ». Je prenais toujours des céréales puisqu'il s'agissait de ce que *je* voulais. Tout a pris sens lorsque j'ai commencé à traiter mon corps comme une entité différente de moi – avec sa propre sagesse et conscience. J'ai ensuite réalisé que le smoothie qui me venait en tête était ce que mon corps désirait tandis que les céréales étaient voulues par mon esprit. À partir de là, il est devenu plus simple de différencier l'intuition de l'envie.

Vous pouvez faire confiance à votre corps. Il est bien plus honnête que votre esprit.

Gardez en tête le fait que votre corps couvre vos arrières. (Au sens propre comme au figuré.) Il constitue votre vaisseau physique dans cette vie. Il veut contribuer à votre existence, vos rêves et votre bonheur. Il veut que vous connaissiez la joie et l'abondance. Réfléchissez-y sous cet angle : votre corps deviendrait le réceptacle de tout ce que l'abondance vous apporterait – luxe, tranquillité et environnement majestueux. Bien entendu qu'il veut vous voir réussir ! Ainsi, ne le mettez pas à l'écart lorsque vous vous projetez.

Votre corps pourrait devenir votre meilleur ami. Vous pourriez également être en désaccord complet avec lui. Quelles sont vos pensées concernant votre corps ? Sont-elles gentilles ou injurieuses ? Le corps est très réactif – et projettera ce que vos pensées dominantes expriment à son sujet. Si vous projetez une impression de surpoids, votre corps prendra avec joie quelques kilos pour vous donner raison.

Afin d'éviter d'être l'esclave de chiffres sur une balance, je préfère me concentrer sur ma force, ma souplesse et l'énergie dont je dispose en permettant à mon corps de m'en donner davantage.

Lorsque vous demandez à votre corps ce dont il a besoin, le message pourrait apparaître en tant que réponse dans votre esprit ou se révéler dans un avenir proche. Par exemple, on pourrait vous recommander un complément alimentaire la semaine suivante ou vous verrez un smoothie détox qui vous fera envie. N'oubliez pas que vous pouvez toujours utiliser votre journal après le réveil pour recevoir des réponses.

ENVOYER DE L'ÉNERGIE

Utiliser votre intention pour guérir pendant votre sommeil peut être particulièrement productif. Nous savons déjà que le sommeil joue un rôle significatif dans la guérison du corps et lui permet de retourner à un fonctionnement normal. D'après la théorie restauratrice, le sommeil permet au corps de se réparer et de faire le plein de composants nécessaires au bon fonctionnement des cellules qui s'épuisent durant la journée grâce à une circulation sanguine accrue, des libérations d'hormones et d'anti-inflammatoires, sans oublier la diminution du stress.

Lorsque quelque chose me fait souffrir ou que je ne me sens pas bien, j'aime poser les mains sur mon corps en m'endormant tout en demandant à mes paumes de délivrer la fréquence exacte dont mon corps a besoin pour guérir. Si j'ai mal à la gorge, je peux poser une main sur mon cou. Même procédé pour mon épaule.

Si la douleur ou la maladie vous gagnent, imaginez-vous

en train de l'absorber au lieu de les repousser, puis envoyez de l'énergie et de l'amour aux parties de votre corps qui ont besoin de guérir. Le fait d'écouter et d'envoyer de l'amour est bien plus puissant que vous ne pouvez le penser.

Quand j'ai entendu parler de ce concept pour la première fois, je n'étais pas certaine que quoi que ce soit se produisait. À l'époque, j'avais un nouveau chaton, qui était assez agité et qui refusait de m'approcher à moins que je ne sois au lit – et il se contentait de se rouler en boule à mes pieds plutôt que de venir vers moi. J'ai essayé de lui envoyer de l'énergie via mes pieds, et il s'est immédiatement mis à ronronner.

Je me suis dit : « D'accord, waouh. Ce délire d'énergie est réel. » Lorsqu'il s'est arrêté de ronronner, j'ai essayé à nouveau. De nouveaux ronronnements en une fraction de seconde. Chaque fois que je m'imaginais envoyer de l'énergie à ce chaton via mes pieds, il ronronnait.

Votre corps ronronnera lui aussi.

Assez tôt lors de ma pratique du Reiki (une méthode de soins), je me suis assise par terre durant une répétition avec une danseuse qui ne pouvait pas continuer, car sa cheville était enflée et lui faisait un mal de chien. Elle se l'était tordue en randonnée quelques semaines auparavant, et elle refusait de coopérer.

J'ai donc placé les mains autour de sa cheville, mais j'ai eu le sentiment que cette dernière ne recevrait pas l'énergie que je lui envoyais. J'ai donc imaginé le fait qu'elle devait être en colère contre sa propriétaire. Elle était résolument en colère et frustrée.

J'ai alors demandé à la danseuse d'envoyer de l'amour à sa cheville, et l'énergie a commencé à circuler depuis mes mains. Sa cheville a été en mesure de la recevoir. J'ai fait part de ce que je ressentais, et la danseuse a immédiatement compris. Elle m'a confié que sa cheville s'était rétablie, mais qu'elle avait dansé la salsa en talons la veille. Elle lui en avait trop demandé avant qu'elle ne soit réellement prête, et sa cheville lui en voulait. Elle lui a donc présenté des excuses en silence, et j'ai senti un plus grand flot d'énergie me traverser les mains. En l'espace de quelques minutes, sa cheville n'était plus aussi enflée et chaude, son corps s'était détendu et le plus gros de sa douleur avait disparu.

Vous voyez donc à quel point il est important d'aimer et de respecter votre corps. La danseuse était en colère contre sa cheville, et cela l'empêchait de guérir – tout en empirant la situation.

Nul besoin de pratiquer le Reiki pour croire que de l'énergie peut couler de vos mains. Ma fille était capable d'envoyer une puissante énergie curative d'un simple geste à l'âge de sept ans, bien avant qu'elle ne soit officiellement formée. Elle n'a eu besoin que de suivre mes instructions sur l'intention à avoir.

TROUVER LE PÔLE DE LA DOULEUR

Une autre façon de travailler énergétiquement avec la douleur est de trouver son pôle – son centre, si vous préférez. Une fois encore, au lieu d'éviter de ressentir la douleur, dirigez-vous droit vers elle, vers l'œil de la tornade. Cherchez consciemment ce pôle jusqu'à le trouver. Parfois, la douleur se meut ; dans ce cas, cela indique que cette douleur est de nature énergétique, et non physique.

Imaginez-vous en train de poser votre conscience à l'endroit exact où se situe la douleur. Infiltrez-le avec votre énergie. Ce faisant, vous remarquez que vous venez de déranger le schéma qui créait cette douleur. Le fait que votre conscience soit présente en ce point brise ce schéma et dissipe la douleur. Restez-y autant que vous le souhaitez, puis envoyez de l'amour et de l'énergie à cette zone.

ÉTAPES POUR GUÉRIR LE CORPS PENDANT LE SOMMEIL

1. Ayez l'intention de guérir durant la nuit.
2. Connectez-vous consciemment avec la part de votre corps qui a besoin de soins. Si vous souffrez, essayez de trouver le pôle de la douleur et entrez-y afin de relâcher l'emprise qu'elle a sur vous.
3. Demandez s'il y a un message ou un cadeau derrière cette expérience.
4. Demandez à votre corps ce dont il a besoin et voyez si vous recevez des images ou des pensées. Si ce n'est pas le cas, posez les deux questions ci-dessus à nouveau lorsque vous remplirez votre journal le lendemain matin et que vous aurez un accès total à votre intuition.
5. Posez les mains sur votre corps, là où vous souffrez, ou simplement sur votre ventre ou votre poitrine. Ayez l'intention que la fréquence dont votre corps a besoin pour guérir lui soit transmise via vos mains durant la nuit.
6. Dormez en sachant qu'une guérison et qu'une réparation massive aura lieu durant votre sommeil.
7. Chaque fois que vous vous réveillez, renouvelez votre intention de délivrer la fréquence dont votre corps a besoin via vos mains.
8. Le lendemain matin, ne cherchez pas la douleur. Cherchez le plaisir. Qu'est-ce qui vous fait du

bien ? La sensation est-elle meilleure ? Sentez-vous une amélioration ? Y a-t-il un message de la part de votre corps ? Inscrivez ce que vous ressentez dans votre journal.

CHAPITRE TREIZE

UTILISER LE SOMMEIL POUR LA GUÉRISON ÉMOTIONNELLE OU SPIRITUELLE

Le processus de guérison émotionnelle, spirituelle, générationnelle, profonde, ou autre, est le même. Il est important de noter que le corps participe autant que vous à la guérison (et à la visualisation), car il représente votre subconscient. Voilà pourquoi il est toujours important d'inclure votre corps dans vos créations, quelles qu'elles soient. Il est important de le traiter et de lui parler gentiment, ainsi que de lui montrer du luxe. Ainsi, vous envoyez un message à l'univers concernant la façon dont vous méritez d'être traité(e) – avec abondance, beauté, luxe et amour.

Les étapes à réaliser pour cette forme de guérison sont similaires à celles de la guérison physique.

1. Lorsque vous vous allongez dans votre sanctuaire, maintenez l'intention d'être guéri(e) de tout ce qui vous tracasse.

Vous pourriez demander à soigner une blessure profonde, à écarter des blocages financiers ou à essayer quelque chose comme :

- Pendant mon sommeil, je vais rêver d'une guérison incroyable.
- Pendant mon sommeil, je vais recevoir tout ce dont j'ai besoin de savoir pour avancer.
- Pendant mon sommeil, l'univers va m'envelopper de lumière et m'amener à un état de fluidité.
- Pendant mon sommeil, tous mes méridiens énergétiques vont retrouver l'équilibre et l'harmonie.
- Pendant mon sommeil, tous mes chakras vont être équilibrés et harmonisés.

2. Posez les mains sur votre corps en ayant l'intention que la fréquence dont votre être a besoin pour guérir est émise par vos paumes vers votre champ énergétique.
3. Chaque fois que vous vous réveillez ou bougez pendant la nuit, rappelez-vous votre intention curative.
4. Le lendemain matin, demandez : « Qu'est-ce qui a été soigné durant la nuit ? » et écrivez librement votre réponse. Il n'est pas grave qu'elle n'ait aucun sens ou qu'elle ne soit pas ce à quoi vous vous attendiez. Bien souvent, nous n'avons pas conscience des molécules sous-jacentes ayant

besoin de soins pour opérer des changements majeurs.

EXERCICE D'ÉCRITURE POUR GUÉRIR

Cet exercice d'écriture libre est assez particulier. Il s'agit de communiquer avec votre âme afin de découvrir quels sont les problèmes qu'elle aimerait régler.

1. Prenez votre journal et rendez-vous là où vous serez en mesure d'entrer dans un état méditatif – quelques instants après le réveil ou après une activité qui vous ancre au moment présent, comme une balade en nature, une séance de yoga ou de méditation.
2. Fermez les yeux et ayez l'intention de vous connecter à votre Moi supérieur, ou à votre âme. Formulez cette intention trois fois, à voix haute ou dans un murmure : « Je souhaite me connecter à mon Moi supérieur. Je souhaite me connecter à mon Moi supérieur. Je souhaite me connecter à mon Moi supérieur. »
3. Imaginez une pointe en haut de votre tête (comme le faisceau lumineux d'une lampe de poche) partir en direction de la boule de lumière au-dessus de vous qui est votre Moi supérieur. Connectez-vous à cette haute fréquence. Vous n'avez pas besoin de comprendre ce que je dis – imaginez simplement le processus comme bon vous semble. Vous pourriez visualiser un câble se connectant à une enceinte pour écouter la musique qui s'y joue.
4. Dans votre journal, écrivez : « [Votre nom – vous parlez au Moi supérieur], que veux-tu guérir ? » Adressez-vous à votre Moi supérieur comme à une

entité distincte. Vous recevez cette information en tant que scribe neutre. Il ne vous revient pas d'interpréter la réponse ni de faire quoi que ce soit d'autre que l'écrire.

5. Écrivez ce qui ressort de la question. Il est possible que cela n'ait rien à voir avec la douleur ni l'inconfort que vous ressentez actuellement. Vous serez peut-être surpris(e) de découvrir de plus gros problèmes, comme le besoin de croire en vous-même ou d'avoir davantage de soutien. Ne modifiez rien et n'essayez pas de comprendre le sens de cette réponse, contentez-vous simplement de remuer le stylo sur la page et écrivez tout ce qui vous vient en tête. Remplissez autant de pages que possible.

6. Maintenant, fermez les yeux une fois de plus et revenez à la vision de cette pointe de lumière en haut de votre tête. Connectez-vous de nouveau à la boule de lumière qui est votre Moi supérieur et envoyez une nouvelle pointe de lumière, partant cette fois de cette boule lumineuse en direction du soleil spirituel qui représente l'énergie source, l'univers, la sagesse infinie ou Dieu – choisissez ce qui convient pour vous. Répétez ensuite trois fois dans votre tête ou à voix haute : « Je souhaite me connecter à la source [ou à l'entité de votre choix]. »

7. Écrivez : « Source [ou entité de votre choix], quel message as-tu pour [votre nom] ? » Remarquez qu'on ne dit pas « pour moi ». Une fois encore, vous n'êtes qu'un scribe neutre.

8. Continuez à écrire ce qui vous vient à l'esprit. Gardez le stylo en mouvement avec pour seul but de remplir autant de pages que possible.

9. Lorsque vous sentez que les mots se sont taris et que le message est complet, remerciez à la fois votre Moi supérieur et l'énergie source pour la guérison qui a eu lieu. Affirmez trois fois que vous souhaitez vous déconnecter de ces entités dans votre tête ou à voix haute. Même si conserver cette connexion pourrait paraître plus logique, cela pourrait vous vider de votre énergie – ou la dévier. Cette connexion et cette déconnexion en pleine conscience représentent une approche bien plus nette et une utilisation plus efficiente de votre énergie.
10. Sachez que votre Moi supérieur a entendu le message de l'énergie source. Vous n'avez rien à faire de plus. La guérison a d'ores et déjà débuté et va se manifester. Inutile de faire quoi que ce soit, sauf si vous avez reçu une directive spécifique.

JEUX À LA MAISON

1. Continuez votre routine sacrée chaque soir.
2. Écoutez un enregistrement subliminal au moins une nuit par semaine.
3. Jouez avec un exercice sur les rêves – explorez la lucidité ou *Faire du rêve une réalité* – et documentez vos rêves dans votre journal.
4. Interprétez et guérissez en utilisant n'importe laquelle des méthodes décrites dans cette section.

OUTIL N° 5

Vivre pour rire

CHAPITRE QUATORZE

La directrice de l'école de danse que je fréquentais dans mon enfance avait pour habitude de nous envoyer nous produire dans des endroits ouverts au public, comme des centres commerciaux ou des foires. Danser devant une foule n'a rien à voir avec le fait d'être sur scène, sous les projecteurs. J'étais souvent déconcertée par les visages impassibles et les regards apparemment noirs de l'audience. Quand j'en ai parlé à notre directrice, elle a émis une théorie selon laquelle ces réactions étaient dues au fait que les gens regardent plus souvent des artistes se produire à la télévision. Ils n'ont plus l'habitude de recevoir une performance et d'y répondre. L'échange énergétique entre audience et artiste est désormais, et souvent, à sens unique.

Par conséquent, j'ai pris la décision, à l'époque, d'être la plus expressive des audiences, surtout quand j'assistais aux performances de mes amies. Je riais à gorge déployée au moment adéquat pour que le reste de la foule suive. Le rire est contagieux après tout.

Cette habitude est toujours ancrée en moi. Si j'assiste à un concert en direct, vous m'entendrez toujours rire, m'exclamer et crier parmi la foule. Je quitte toujours ce genre d'événement en me sentant *enflammée* par l'échange énergétique qui s'est produit entre l'audience et les acteurs. J'adore complètement les spectacles.

Dans la Grèce antique, les gens se servaient du théâtre pour ses fonctions cathartiques. Il était attendu de se sentir purifié ou nettoyé après avoir assisté à une comédie ou à une tragédie – le rire ou les larmes. Les Grecs pensaient que la catharsis permettait de purger les émotions, ce qui menait à un état émotionnel de renouveau et de guérison.

Pour cet outil, nous nous servirons activement de la magie du rire.

Le dicton : « Le rire est le meilleur des remèdes. » est vrai. Le rire constitue un profond remède dont nous avons tous besoin. Pourtant, à quelle fréquence vous le prescrivez-vous réellement ? Et à quelle fréquence activez-vous consciemment sa magie ?

Dans ma jeunesse, j'ai entendu l'histoire de Norman Cousins. Il était auteur, éditeur dans un magazine et grand défenseur de la paix dans le monde. Il a écrit un article à propos de son rétablissement à la suite d'une maladie très sévère des tissus conjonctifs dans *The New England Journal of Medicine*, intitulé *Anatomy of an Illness (As Perceived by the Patient)*. Comprenez : *Anatomie d'une maladie (comme perçue par le patient)* ; dans cet article, donc, Cousins a déclaré que dix minutes de rire authentique procuraient un effet anesthésiant et lui permettaient de dormir au moins deux heures sans souffrir.

Le comédien Eyal Eltawil a également utilisé le rire pour guérir d'un cancer alors que les médecins ne lui donnaient que 5 % de chance de survivre. Il a tout raconté dans le livre *The Cancer that Died of Laughter*.

Il est logique que le rire puisse guérir la maladie. Si la maladie résulte d'émotions réprimées et d'énergie bloquée dans notre corps, il n'est pas déraisonnable de penser que le rire aiderait à résoudre ce blocage. Il a déjà été prouvé qu'une simple séance de rigolade réduisait les niveaux de cortisol, l'hormone du stress, de plus de 35 %.

L<small>E RIRE CONSISTE ÉGALEMENT</small> en la pratique du lâcher-prise. Il nous permet de déboucher nos tuyaux de leur énergie stagnante ou usée, de faire repartir la circulation dans notre système, de relâcher des endorphines et d'apporter paix et sérénité. Vous pouvez l'utiliser afin de réinitialiser votre humeur et ainsi vous réapproprier le bonheur.

Le rire est d'autant plus puissant lorsque vous arrivez à rire de vous-même.

Tout ce que vous prenez trop au sérieux, toutes vos vilaines parts d'ombre peuvent être très facilement intégrées à l'aide d'un peu d'humour. Tout ce dont vous croyez devoir vous défendre – être un mauvais parent, un(e) bon(ne) à rien, un échec, un(e) sans-cœur, une croqueuse de diamants, un con ou une connasse –, eh bien soyez-le, l'espace d'une dizaine de secondes. Incarnez cette énergie avec une approbation radicale et elle perdra tout son pouvoir sur vous.

Après ma rupture avec mon amant de six mois, je me suis longtemps disputée avec lui dans ma tête. Cela provoquait chez moi une grande détresse puisque je voulais passer à autre chose et que je ne souhaitais pas être négative ou sur la défensive. J'ai supposé que ce qui m'arrivait était dû au fait que je n'avais pas eu l'occasion de me défendre face à lui lorsque nous avons rompu. En sachant que cela ne ferait que prolonger la rupture, j'ai choisi de garder ma langue dans ma poche et de terminer cette relation rapidement.

Ce n'est que lorsque j'ai commencé à physiquement attirer ce à quoi je résistais que j'ai enfin senti cette attitude défensive et cette résistance tomber.

Quelque chose me rappelait l'un des gros griefs qu'il avait avec moi, et je lui répondais dans ma tête pour me défendre. Puis j'ai eu une profonde réalisation. En fin de compte, j'essayais de me défendre *contre moi-même*. Si tous les personnages de nos rêves ne sont que le reflet de nous-mêmes, alors je ne peux être sur la défensive quant à ses critiques que *si une part de moi croit qu'il s'agit de la vérité*.

Donc, pourquoi ne pas laisser ses critiques être vraies ?

Tout comme nous l'avons pratiqué dans *Défaire le manque de mérite*, je me suis permis d'être celle qui ne communiquait pas bien, qui n'envoyait pas beaucoup de messages, qui était « évitante », comme il me l'avait dit. J'ai ouvert ma porte intérieure à tous les qualificatifs contre lesquels je me défendais avec la plus grande véhémence.

Et à ce moment-là, j'ai ri.

J'ai pu rire de moi-même et de la façon avec laquelle j'essayais de me défendre contre ces jugements subjectifs. J'ai ri, car le fait que je sois évitante ou non n'a pas vraiment d'importance, car à l'instant où j'ai permis à cette énergie d'entrer en moi, à l'instant où je me suis permis d'être évitante, elle a pu changer. Elle a pu perdre sa charge, s'intégrer, et m'alimenter comme un carburant.

Rire de moi-même est devenu le meilleur des remèdes et, en effet, rit bien qui rit le dernier !

Vous pouvez regarder des sitcoms, des pièces de théâtre ou des films. Entourez-vous de gens drôles et de rire. Les endorphines relâchées sont similaires à celles émises pendant un exercice physique et correspondent à l'euphorie des coureurs. L'acte cathartique de rire sert à évacuer le stress ainsi qu'à vous emmener loin de vos problèmes durant quelques secondes. D'après la Mayo Clinic,[1] le rire améliore l'apport en air riche en oxygène, stimule votre cœur, vos poumons et vos muscles, et augmente le niveau d'endorphines relâchées par le cerveau. Il peut activer et soulager la réponse au stress, la fréquence cardiaque, et la pression sanguine, ce qui mène à la relaxation.

Le rire peut également stimuler la circulation et aider à la relaxation des muscles, ce qui peut contribuer à réduire certains des symptômes du stress. Il peut améliorer votre système immunitaire. Les pensées négatives se manifestent via des réactions chimiques pouvant affecter votre corps en apportant davantage de stress dans votre système tout en diminuant votre immunité. En revanche, les pensées positives peuvent en réalité relâcher des neuropeptides qui aident à combattre le stress et, potentiellement, des maladies plus graves.

Comme Norman Cousins l'a découvert, le rire peut soulager la douleur en provoquant la production d'antidouleurs naturels par le corps. Il peut également nous permettre de gérer plus facilement une situation difficile. Aussi, comme je l'ai vu en riant parmi la foule devant un concert, le rire peut nous aider à créer des liens avec autrui.

RIRE EN S'EN METTANT PLEIN LES POCHES

Bon, plus sérieusement. Je me doute que vous aviez déjà entendu parler des bénéfices qu'apporte le rire. C'était également mon cas et, pourtant, je n'ai pas choisi activement de rire.

Nous avons parfois besoin de la bonne motivation.

Et si je vous disais que rire vous rendrait riche ? Feriez-

---

1. https://www.mayoclinic.org/healthy-lifestyle/stress-management/in-depth/stress-relief/art-20044456

vous alors l'effort conscient de rire ? Planifieriez-vous des séances de rigolade régulières ?

La clé réside dans l'intention. Choisir activement de rire peut transformer votre vie pour le meilleur.

Pour celles et ceux d'entre vous qui ont étudié les enseignements d'Abraham-Hicks, vous savez déjà que le conseil qui revient toujours pour visualiser est simplement d'élever sa vibration. Lorsque vous n'êtes pas de bonne humeur, on vous conseille de caresser votre animal de compagnie, d'aller vous balader, etc. Cherchez le plaisir, et vous en recevrez davantage.

Je crois sincèrement qu'il est important d'effectuer l'intégration de nos parts d'ombre, comme décrite dans ce livre, plutôt que d'éviter les émotions négatives, mais choisir de s'élever est également empreint de puissance.

L'auteure Mel Jolly a pris ce conseil à cœur en 2021. Elle avait travaillé extrêmement dur pour partager au monde son livre de non-fiction, *Becoming Future You: Be The Hero of Your Own Life*. Elle a fait tout ce qu'elle était censée faire pour le lancer, y compris établir les fameux tunnels de vente permettant d'attirer les lecteurs à son activité de coaching.

Mais ce lancement a été un échec. Tout ce travail acharné et toutes ces stratégies promulguées par la sagesse conventionnelle ne lui avaient pas rapporté les résultats promis. Elle travaillait aussi dur que possible, en se donnant à 120 %. Sa santé en souffrait, l'équilibre entre sa vie professionnelle et personnelle n'était plus qu'un lointain souvenir, et tout cela pour des clous.

« À l'époque, c'était horrible. Mais aujourd'hui, je suis en mesure de voir que c'était le meilleur qui pouvait arriver. Je crois qu'il m'a fallu toucher le fond pour dire *assez*, face au travail acharné. Il est évident que ce système est bon à jeter. Ce ne sont pas les efforts et le travail qui mènent au succès. »

En tant que membre de notre programme Money Magic,

et abonnée à notre programme consacré à l'état d'esprit d'abondance, Mel a compris l'importance de chercher et maintenir sa joie de vivre.

Elle a donc décidé de se focaliser sur sa santé et l'une des étapes vers l'abondance préconisée par l'experte en projection Denise Duffield-Thomas : faire le tri. « J'ai commencé à me sentir mieux grâce au tri, et j'ai arrêté de travailler dur. J'avais plus de temps pour moi puisque j'ai arrêté d'enregistrer des podcasts, d'écrire des newsletters, et de faire toutes les choses nécessaires à mon activité de non-fiction. » Mel a arrêté de travailler le weekend et s'est reposée tout l'été.

Elle a toujours adoré l'eau, donc elle s'est dit : « Eh bien, je ne passe plus mes journées à travailler, donc on pourrait peut-être avoir une piscine. » Et l'idée lui a donné un sentiment de légèreté.

Son mari et elle ont donc installé un grand réservoir en guise de piscine dans leur jardin, avec un système de pompe et de filtration. Ils ont passé l'été dedans. « C'était le meilleur été de notre vie. On avait l'impression d'être au paradis. »

Tandis qu'elle continuait à faire le tri dans sa vie et à perfectionner ce qui la rendait heureuse, Mel a reconnu la contribution de cette piscine improvisée durant l'été. Elle s'est rendu compte qu'elle pouvait installer un jacuzzi dans leur débarras désormais vacant afin de rendre l'hiver aussi agréable que l'été. « Si l'on m'avait dit qu'un jacuzzi rentrait dans cette pièce il y a un an, j'aurais ri. C'était une pièce minuscule, complètement encombrée et pleine de bazar. Mais c'est arrivé. »

Puisque l'idée, en apparence utopique, d'avoir un jacuzzi chez elle s'est manifestée sans le moindre effort, ce jacuzzi est devenu le symbole de possibilités infinies. Il s'agit de son quartier général en matière de projection – là où Mel va pour se sentir bien et avoir accès à son potentiel créatif. Le bruit blanc des jets d'eau lui procure un espace propice à la méditation pour qu'elle se sente à l'aise, élève ses vibrations, et rumine. C'est là qu'elle trouve ses meilleures idées.

Dans le jacuzzi, elle se sent libérée du fardeau que représente la réflexion et n'a plus à se triturer les méninges pour savoir comment un projet va se dérouler. « J'avais presque pour habitude d'éviter d'avoir de bonnes idées, car j'avais ensuite l'horrible obligation de devoir les mettre à exécution. Maintenant, je peux simplement avoir une bonne idée. C'est comme si rien n'était trop grand ou trop fou, car je n'ai absolument pas la responsabilité de trouver comment la concrétiser. Certaines des idées que j'ai dans le jacuzzi ne sont pas vraiment dans mon domaine d'expertise, du genre : *ce serait vraiment bien s'il existait un robot pour nettoyer les gouttières.* » Elle m'a ensuite lancé un sourire taquin en ajoutant : « J'ai hâte que ça arrive. »

Et en fin de compte, Mel a réellement ri en s'en mettant plein les poches.

Malgré l'arrêt de son activité, ses revenus ont décollé, et elle l'attribue à son sentiment de bien-être. « J'ai délaissé la non-fiction et effacé ma liste d'emails. Je me suis donné la permission de ne plus promouvoir le livre, et de ne plus m'en inquiéter. C'est un processus qui a pris du temps. »

« Il a fallu plus de six mois, et c'est là que la piscine et la relaxation sont entrées en scène. Il fallait que j'arrête de chercher des conseils. Vous ne trouverez jamais un auteur qui vous dira : *oui, effacez votre liste d'emails et allez vous prélasser dans votre piscine, arrêtez tout et regardez ce qui se passe.* »

« Le livre ne s'est pas vendu, mais j'ai gagné plus de cent mille dollars avec mon autre activité pour la première fois. Même si le travail que j'effectuais avec mes clients ne payait pas beaucoup, je me suis dit : *peut-être que je pourrais faire une autre conférence, ou peut-être que je pourrais gagner un salaire avec cette personne. Peut-être que je dois augmenter mes tarifs.*

Peut-être que je dois changer mon nombre d'heures minimum. En clair, j'ai écarté les missions et les tâches que je n'aimais pas faire. »

L'année suivante, elle a gagné autant en travaillant deux fois moins. « Mon objectif est de gagner deux fois plus d'argent en faisant ce que j'aime deux fois plus. »

« Quand j'ai mis le livre de côté, je me suis *détendue* juste assez pour permettre à l'argent de venir sans l'obliger à passer par le livre. Je ne cherchais plus à le contrôler. Je n'étais plus obsédée par l'idée de le forcer à emprunter le chemin que j'avais créé pour lui. Bien évidemment, une telle énergie ne permettait aucun résultat. »

Elle m'a dit : « La morale de cette histoire n'est pas que mon livre a commencé à mieux se vendre, même si deux ou trois trucs super cools se sont produits. C'était une vidéo sur TikTok où quelqu'un réalisait un micro-trottoir afin de demander à des inconnus quels étaient leurs livres préférés. La plupart des gens répondaient qu'ils adoraient Stephen King, ou la Bible – qui est revenue plusieurs fois –, et quelques autres œuvres. Et la couverture de *mon* livre est apparue à l'écran ! Quelques personnes m'ont envoyé des emails et j'ai cru à un canular avant de regarder la vidéo. Je me suis roulée par terre en riant. »

L'autre jour, Mel m'a envoyé une capture d'écran d'un email à destination des lecteurs de Barnes & Noble contenant son livre. Elle m'a confié : « Je ne peux que supposer qu'il s'agit de l'œuvre du jacuzzi. »

FAIRE DU BIEN-ÊTRE UNE INTENTION PERMANENTE

L'une des choses qui m'ont frappée à propos de l'histoire de Mel est toute l'intention qu'elle pose dans sa recherche et le maintien de son niveau de bonheur. Elle comprend que cela crée de l'abondance dans sa vie, et la magie opère lorsqu'elle lâche prise. Afin de relâcher sa réussite, elle cherche activement ce qui la rend heureuse ou l'apaise.

Par exemple, elle dispose d'une Liste de Joie qu'elle s'envoie automatiquement tous les mois afin de se rappeler les choses qui lui apportent de la joie. Voilà ce qu'elle dit :

Chère future Mel,

Voilà les choses que tu aimes :

- La méditation.
- Câliner Boo (son chien).
- La PEMFT (thérapie par champs électromagnétiques pulsés – son chiropracteur dispose du matériel adéquat).
- Te focaliser sur tes émotions du mieux, et aussi souvent, que tu peux.
- Faire bouger ton corps.
- Te distraire avec quelque chose de drôle ou qui te fait du bien.
- Aller dans le jacuzzi.
- T'allonger au soleil.
- Regarder *Rôle Models, Step Brothers, Wet Hot American Summer, We're the Millers, Super Troopers* et d'autres films idiots du genre.
- *The Lonely Island Comedy Trio* (Allez voir leurs chansons sur YouTube).

Je vous suggère de commencer à composer votre propre Liste de Joie et d'en faire un document vivant qui évoluera avec vous.

LE RIRE EST UN TROU DE VER JUSQU'À VOTRE MOI SUPÉRIEUR

D'un point de vue énergétique, le rire nous permet de nous connecter à notre Moi supérieur, à l'unité ou tout ce qui est.

Nous sommes tous enclins à accumuler de l'énergie négative, des attachements énergétiques, ou de nous faire posséder par des entités. J'ai le sentiment que ces énergies se nourrissent d'émotions négatives ; ainsi, lorsque vous avez un attachement émotionnel, vos pensées et vos émotions commencent à se tarir. L'indice qui me dévoile la présence d'un attachement est que je ressens une sorte de désespoir ou d'impuissance. Je reconnais alors qu'il ne s'agit pas de ma véritable nature. Ce n'est pas moi. Il s'agit de quelque chose qui traîne dans mon champ énergétique.

Je sais désormais comment éliminer rapidement ces énergies basses, denses et non ancrées de moi-même et des autres, mais il n'est pas nécessaire pour vous d'avoir pratiqué le chamanisme ou de consulter un professionnel pour le faire.

Le rire bannira ces attachements énergétiques et autres entités. Les êtres humains disposent de ce magnifique mécanisme pour rester dans la lumière, et ce dès leurs naissances. C'est un système de défense naturel, parfait, et gratuit.

PROGRAMMER UNE SESSION DE RIGOLADE

Le rire constitue un puissant interrupteur. Il peut

procurer une distance émotionnelle et changer des schémas énergétiques.

Les enfants rient facilement, beaucoup et souvent. Certains adultes le font également, mais la plupart d'entre nous ont appris à museler notre rire. Mon ado a dû écrire une lettre d'excuse à son professeur de maths, car il a ri à la blague d'un camarade pendant un cours – comme s'il avait fait exprès de la trouver drôle.

Étant donné que le rire est contagieux, cet exercice est plus simple et plus amusant avec de la compagnie. Invitez un(e) ami(e), ou un groupe d'amis, et expliquez que le but est de rire autant que possible. Observez ensuite comment le rire se transmet entre vous.

Mon fils et ses amis aiment bien jouer à un jeu dans lequel ils remplissent leurs bouches d'eau et essaient ensuite de se faire rire les uns les autres. Le premier à rire perd, mais tout le monde gagne au change, évidemment.

Lors de votre première tentative, vous découvrirez peut-être que vous avez été entraîné(e) à arborer un visage totalement impassible devant quelque chose de drôle. Vous trouvez cela amusant et riez de l'intérieur, mais vous esquissez à peine un sourire.

Vous pourriez même ne pas trouver cela drôle, au départ.

Nous avons tous un sens de l'humour différent. Certains préfèrent le comique de situation, d'autres des dialogues à la répartie cinglante. Même si vous ne pensez pas avoir un sens de l'humour, vous découvrirez en pratiquant cet exercice qu'il s'agit d'un muscle que l'on peut entraîner.

Couper le jugement

La clé la plus importante à retenir pour libérer votre rire est de couper le jugement – interne ou externe. Le jugement interne pourrait vous donner des complexes sur votre rire ou sur ce à quoi vous riez. Le jugement externe pourrait, quant à lui, vous pousser à être plus critique concernant la qualité de la performance que vous regardez.

Le jugement est une énergie destructrice. Il ferme des portes. Il est à l'opposé du potentiel créateur infini que nous recherchons dans le cadre de la projection. Si vous pouviez vous offrir un seul cadeau, libérez-vous du jugement – cela vous donnera un maximum de résultats.

Rire plus bruyamment

Cela peut sembler ridicule, mais je vais vous demander de vous *faire* rire à voix haute, ou même plus fort, afin de créer ce rire qui part de l'estomac. Exagérez afin de vous ancrer dans ce nouveau schéma. Vous vous souvenez de mon histoire sur la télévision et la façon dont elle a influencé le rapport que nous avons avec le divertissement ? Prétendez qu'un comédien se trouve devant vous et que vous voulez lui faire savoir à quel point vous le trouvez hilarant et appréciez son humour.

Ou, mieux encore, rendez-vous à un spectacle comique et riez à voix haute. Remarquez ensuite l'échange énergétique qui se produit. Votre reconnaissance nourrira la performance et le procédé sera gagnant-gagnant.

Tout comme lorsque vous arrêtez quelqu'un pour lui dire que sa tenue est sublime, l'expéditeur et le destinataire du compliment se sentent mieux. Le rire est le don et la réception d'énergie. Il crée des liens entre individus.

JEUX À LA MAISON

1. Continuez votre routine sacrée chaque soir, documentez et analysez vos rêves, et écoutez un enregistrement subliminal au moins une nuit par semaine.

2. Choisissez n'importe laquelle des propositions d'activités rigolotes de la liste ci-dessous qui vous semble amusante.

- Programmez une soirée rigolade (ou tout un weekend, voire plus !) où vous regarderez des comédies, que ce soient des films ou des séries télévisées.
- Réalisez un sondage parmi vos amis et compilez votre propre liste des films et séries les plus drôles. Découvrez ce que vous aimez – des comédies idiotes ? Le comique de geste ? Des scénarios complètement ridicules ? Ou peut-être préférez-vous un humour sarcastique ou acerbe ? Notre série préférée du moment est *Brooklyn 99*. D'autres prétendantes au titre sont *Game Changer, Tacoma FD, Parcs et Loisirs,* et ce bon vieux *Saturday Night Live*. N'oubliez pas de vous *faire* consciemment rire à gorge déployée pendant le visionnage. Cela vous paraîtra étrange au début, mais vous vous y habituerez.
- Organisez une session de rigolade avec vos amis les plus drôles.
- Composez votre Liste de Joie (tout comme Mel Jolly) et inscrivez-la en rappel mensuel sur votre calendrier.
- Rendez-vous dans un *comedy club* ou dans un théâtre pour faire l'expérience de l'échange énergétique provoqué par le rire. Riez et souriez sans vous retenir, et ayez conscience de l'échange entre l'audience et les artistes.

- Participez à une séance de yoga détente, ou avec des animaux qui sauront vous faire pouffer de rire à chaque instant durant les exercices.
- Écrivez une parodie de votre chanson ou série préférée, même s'il ne s'agit que de deux ou trois phrases.
- Réalisez un sondage parmi vos amis et votre famille pour découvrir ce qui les amuse. Par exemple, ma fille adore les parodies réalisées par IA de Jennifer Coolidge – que je ne trouve pas drôles, mais la voir s'esclaffer est hilarant.
- Regardez des vidéos drôles sur YouTube ou TikTok. Ma famille adore les vidéos de bébés ou de chats, et les parodies de chansons.

OUTIL N° 6

Accueillir les réussites

CHAPITRE QUINZE

Créer une nouvelle réalité consiste également à recevoir réellement nos réussites et permettre aux bonnes choses d'entrer dans notre vie. Nous avons tendance à bloquer ou éviter nos réussites et nos victoires. Nous nous évitons, nous défendons, et nous dévaluons.

Chaque fois que vous atteignez un nouvel objectif, vous levez les yeux vers le prochain sans réellement apprécier toute la grandeur de ce que vous avez accompli, ou la vôtre – surtout si vous vivez constamment dans le futur comme moi. Passer d'une réussite à une autre à toute vitesse nous place dans un état d'esprit de manque, et non d'abondance.

La première année où j'ai gagné un million de dollars en tant que romancière, je ne cessais de dévaluer cette réussite. Je disais souvent : « Oui, mais il faut compter les revenus de ma co-auteure. » Autrement dit, il s'agissait de mes revenus bruts – je devais payer des royalties à toutes mes co-auteures.

Mais ma co-auteure Lee Savino insistait en disant : « Et alors ? Ça compte quand même ! Ton activité a *rapporté* plus d'un million ! » Elle m'encourageait à revendiquer cette réussite. À l'accepter.

Je vois souvent ce comportement apparaître chez à peu près tout le monde. Quelqu'un parlera d'un fantastique accomplissement, puis prétendra qu'il n'a rien d'exceptionnel. Voici la phrase que j'ai entendue des dizaines de fois de la part de différents auteurs : « **Mon livre a été sélectionné pour être adapté en film, mais ça n'aboutira probablement pas.** »

Ces doutes sont en partie un moyen pour eux de se protéger – ils ne veulent pas se donner de faux espoirs et être déçus par la suite. Je le comprends. Mais notez bien qu'il s'agit du même blocage que celui lié à l'argent. Cette peur de posséder une chose et de la perdre est si grande qu'elle nous empêche jusqu'à essayer de l'atteindre. Nous ne souhaitons pas *vouloir absolument* quelque chose et ne rien recevoir.

L'ANTIDOTE

L'antidote à ce problème est de **célébrer la position exacte où vous vous trouvez aujourd'hui.** Dans cet exemple d'adaptation, je disais à mon amie auteure : « Est-ce que tu peux réellement apprécier le fait incroyable que quelqu'un a pensé que ton livre ferait un bon film ? Est-ce que tu peux célébrer cette victoire ? Et la **recevoir réellement.** Tu sais combien rêvent d'être à ta place ? Tu as réussi ! Et, oui, peut-être que l'adaptation n'aboutira pas, mais ce ne sera pas à cause de la qualité de tes livres, ou de toi. D'ailleurs, si tu as suscité l'intérêt d'un producteur une fois, tu pourras le refaire. Ton énergie est déjà alignée avec ton objectif. »

Vous arrivez à voir comment le fait d'incarner cette énergie et d'accepter les réussites emplit le projet de lumière ? S'accrocher à l'énergie de : « Ça n'aboutira probablement pas » n'attirera que la déception ! Lorsque l'on se prépare à la déception, on s'aligne avec sa fréquence. Une fois sur cette longueur d'onde, on l'attire à nous.

Je crois que les chances que son livre soit adapté en film seraient plus élevées si l'auteure faisait le choix de le célébrer et de s'aligner sur cette trajectoire. Et si elle choisissait déjà la robe qu'elle porterait sur le tapis rouge ? Même si le film n'aboutit pas, le fait de choisir de célébrer sa réussite – même longtemps après – attirerait à elle davantage de propositions, de succès, et de victoires.

Je sais également qu'avoir une approbation totale et radicale quant au résultat qui se produira constitue le remède miracle qui nous immunise contre la déception. Si vous pouvez, ne serait-ce que dix secondes, accepter avec une approbation totale la déception que vous projetez – le fait que l'objet de votre désir ne soit pas arrivé – alors vous l'intégrerez dans votre champ énergétique, ce qui vous aidera à alimenter vos créations. L'énergie de résistance à la déception vous dévie de l'énergie disponible pour vous aligner sur ce que vous désirez.

En janvier 2024, je me suis donné pour objectif de gagner trois-cent-mille dollars par mois avec ma boutique en ligne. Cet objectif était assez amusant à l'époque, mais, en l'espace de quelques mois, il se faisait de plus en plus pesant. Je n'avais pas fait le moindre progrès. En fait, les revenus de ma boutique plongeaient.

Au lieu de me décourager, j'ai catalogué mes réussites. Les publicités de ma boutique se payaient toutes seules. Elles amenaient un nouveau public à mes livres et leur donnaient une plus grande visibilité. La liste d'emails dont je me servais pour mes newsletters grandissait. Je n'avais pas atteint mon but, mais mon activité était tout de même florissante.

J'ai donc décidé de jeter cet objectif de trois-cent-mille dollars et de m'ouvrir à l'énergie de ce qui était possible.

En quelques mois, les revenus de ma boutique ont baissé,

mais le retour sur investissement de mes publicités a augmenté, et les ventes provenant de sites tiers n'avaient pas baissé. Alors que je continuais à travailler sur mes parts d'ombre, j'ai réalisé que ce but extérieur n'était pas réellement l'objet de mon désir.

Voilà pourquoi le premier outil de ce livre est *Trouver la fréquence*. Pour moi, la fréquence n'était pas le nombre qui s'affichait sur mon plan. Ce que je désirais vraiment était de me sentir bien dans ma peau. J'ai associé le succès et l'argent à un sentiment de sécurité ; ce qui est vrai – l'argent soulage de bien des soucis. Je n'ai plus cette boule au ventre lorsque je vais au vétérinaire et que je découvre qu'il faut arracher les dents de mon petit chaton. Je n'ai pas non plus l'impression de plonger en enfer lorsque des rats rongent les câbles de la voiture de ma fille. Je sais que je peux couvrir ces dépenses imprévues. L'argent apporte également un sentiment d'importance. Voyager en première classe vous accorde davantage de respect de la part du personnel. Vous pouvez couper les files d'attente, et vous ne mourrez pas de faim, car ils ne servent que de la nourriture au gluten. Vous ne serez pas traité(e) comme du bétail.

Mais je m'étais déjà débarrassée de ces problèmes cinq ans plus tôt lorsque j'avais commencé à gagner un million de dollars, ce pour quoi la somme de mon objectif ne me faisait pas grand-chose. J'avais même travaillé sur mon sentiment de mérite (l'outil n° 2), et comprenais que je n'avais pas besoin de cela pour avoir l'impression de réussir dans la vie. Ce que je désirais vraiment était de *détendre* ma réussite – « détendre » étant le mot-clé ici. J'interagissais toujours avec le monde de manière à me sentir nerveuse ou inférieure. Réaliser le travail sur mes parts d'ombre décrit dans ce livre m'a aidée à me débarrasser de cette nervosité – à me sentir mieux dans mon corps. J'ai affronté mes peurs et pense désormais pouvoir gérer n'importe laquelle des situations qui se présentent à moi.

J'ai toujours la ferme intention de générer trois-cent-mille dollars par mois avec ma boutique en ligne, mais je ne poursuis plus ce but avec la même intensité, afin qu'il ne soit pas alourdi par mes attentes ou mes impressions d'échec.

FORMER L'HABITUDE DE CÉLÉBRER

Accueillir les réussites tient dans la célébration des petites choses de la vie. Saluez-vous pour les milliers de petites choses que vous faites chaque jour. Saluez-vous pour être arrivé(e) là où vous êtes aujourd'hui.

Chaque fois que vous visualisez quelque chose, cochez la réussite. Célébrer la place de parking que vous avez visualisée. Lorsque vous trouvez un centime par terre, dites : « Merci, univers. J'en prendrai plus. »

Cela vous place dans l'énergie de l'acceptation. Ne considérez pas la chose comme un accident ou une coïncidence ; affirmez que *vous* l'avez visualisée.

Si vous êtes parent, faites remarquer leurs projections à vos enfants. Reconnaissez l'étendue de leur puissance à voix haute. La répétition est importante. Nous croyons en ce que nous entendons encore et encore – et reprogrammons ainsi nos cerveaux pour nous sentir puissants et reconnaître notre grandeur.

Si vous la pointez constamment du doigt, la magie semblera se produire tout le temps. Plus nous nous plongeons dans la magie, plus nombreuses sont les possibilités s'offrant à nous.

Nous donnons du pouvoir à l'objet de notre attention. Ainsi, lorsque vous vous focalisez sur vos réussites, au lieu de dresser la liste de vos échecs, vous attirerez davantage de réussite dans votre vie.

L'auteure best-seller *USA Today* Stella Moore a mis en place un magnifique système afin de se motiver et de célébrer ses efforts. Derrière son bureau, elle a installé une rangée de petites bouteilles roses de Moscato, chacune comportant une étiquette attachée autour du goulot. « J'ai inscrit un objectif que j'aimerais atteindre avant la fin de l'année sur chaque étiquette. Et tandis que j'attachais la ficelle autour de la bouteille, je me répétais simplement que ce but serait facile puisque mes lecteurs sont affamés de mes livres, donc l'argent me viendra facilement. »

Lorsqu'elle atteint l'un des objectifs, comme dépasser son record de revenus en tant qu'auteure indépendante, elle débouche la bouteille associée pour célébrer sa réussite avec son mari. Ensuite, elle épingle l'étiquette à son tableau en liège pour tenir le compte de ses accomplissements.

Stella a fait de la célébration un rituel qui la motive et la récompense à la fois. Certains adultes sont encore prêts à travailler dur pour recevoir un sticker doré (ou un sticker représentant un sac rempli de billets !) sur leur calendrier quand ils dénichent un nouveau client ou reçoivent leurs paies. Certains adorent cocher des cases.

Certains d'entre nous ont une sorte de fétichisme concernant les louanges. Comment pouvez-vous chanter vos louanges lorsque vous franchissez un nouveau cap, terminez un projet, ou atteignez un nouvel objectif financier ? Y a-t-il une sorte de rituel que vous pourriez établir et qui pourrait vous aider à célébrer vos accomplissements – grands comme petits ?

L'AMOUR ÉLÈVE

Déverser de l'amour dans n'importe quel projet ou entreprise changera le tout en quelque chose de magique. J'ai approfondi le sujet dans *Écrivez votre réussite*, mais j'ai découvert qu'être dans un état d'amour avec mes livres me place dans la bonne énergie pour les écrire et les promouvoir.

Et si votre but était de rendre votre travail amusant, en sachant que l'argent suivra ? De mettre un peu d'amour dans vos créations afin de les laisser prospérer ?

Dans son livre, *Love 2.0*, le Dr Barbara Fredrickson écrit que l'amour – qu'elle définit comme des micromoments de connexion humaine – élève les gens. Dans une étude, elle a demandé aux participants de documenter trois micromoments de connexion avec autrui chaque jour, ainsi que de compléter une *check-list* émotionnelle. Elle a découvert par la suite que le simple fait de documenter ces micromoments résultait en une augmentation du bonheur pour les participants.

Vivez votre journée dans l'optique de vous aimer, vos projets et vous. Dans le flot de l'amour, vous apprécierez davantage votre travail. Cela ouvrira des portes vers les parts réprimées de votre être et vous donnera accès à davantage de créativité.

CHAPITRE SEIZE

IL NE S'AGIT PAS D'UNE LISTE DE GRATITUDE

*L*e conseil le plus courant quand il est question de projection est de dresser une liste de gratitude. Pourquoi ? Parce que la gratitude est un état énergétique qui nous place dans la réception et l'acceptation. Elle nous permet de nous ouvrir et d'accueillir l'abondance. Par conséquent, si vous vibrez à la fréquence de la gratitude, vous vibrez à la fréquence de l'abondance, et votre énergie s'accorde avec tout ce qui est abondant.

Cela semble assez simple, et certains sont très doués pour invoquer un sentiment de gratitude en eux. Mais dans mon cas, cette liste de gratitude sonne comme une obligation. Je ressens une lourdeur dans cet exercice. J'ajoute sans doute une pincée de culpabilité dans le processus en pensant : « Je devais être reconnaissante ! Je vis dans un des plus grands pays du monde. J'ai l'eau courante. Mes enfants sont en bonne santé, physique comme mentale. Pourquoi ne suis-je pas plus reconnaissante ? »

Il est facile de se sentir reconnaissants lorsque nous avons déjà tout ce dont nous désirons. Mais quand vous êtes en plein dans ce que vous n'avez pas et que vous essayez de changer cette réalité, une liste de gratitude peut vous donner l'impression de vous cogner la tête contre un mur.

Personnellement, je préfère miser sur la rétro-ingénierie et acquérir la fréquence de la gratitude via une approche énergétique. Donc, la manière la plus directe de le faire serait de dresser une liste de gratitude pour ainsi modifier vos schémas de pensée et votre état émotionnel, ce qui vous permettrait d'entrer dans la vibration de la gratitude.

Ma méthode consiste, quant à elle, à jouer avec l'énergie qui se cache sous ce processus, à accéder à la vibration de l'abondance, de l'Unité, et de tout ce qui est – ce qui changera ensuite vos sentiments et vos pensées.

Ces deux méthodes fonctionnent.

Je trouve qu'il est plus rapide et plus net de travailler à un niveau énergétique, mais si vous ne prenez pas la peine d'examiner les schémas de pensée et les émotions qui ont conduit à la résistance en premier lieu, les résultats ne tiendront pas longtemps.

Voilà pourquoi il faut accueillir les réussites. Vous cultivez ainsi un sentiment de célébration quant à ce que vous avez déjà accompli et la personne que vous êtes déjà. Vous vous rappelez le chemin parcouru. Vous vous rappelez votre grandeur.

Voici une petite méditation pour modifier votre fréquence afin d'accueillir les réussites :

MÉDITATION SUR L'UNITÉ

1. Faites tomber vos barrières (imaginez votre carapace être réduite en poussière).

2. Imaginez une boule de lumière autour de vous, s'étendant sur un mètre dans toutes les directions. Votre boule est-elle une sphère ? Ou est-elle difforme ? A-t-elle des bosses, des entailles ? Est-elle effondrée d'un côté ? (Ne jugez pas, observez simplement.
3. Élargissez votre conscience d'un million de kilomètres dans toutes les directions. Imaginez-la se propager à l'infini.
4. Vibrer dans cet espace en expansion. Remarquez l'interconnexion que vous ressentez. Vous faites désormais partie de l'unité, ou tout ce qui est. Dans cet espace, vous avez accès à tout. À toutes les réponses. À toutes les énergies que vous désirez attirer (l'amour, le succès, la gloire, l'abondance, la liberté, le plaisir). Tout ce que vous avez à faire est de les appeler et de raisonner avec.
5. N'oubliez pas que ce avec quoi vous choisissez de vibrer se manifestera dans votre vie. Donc mariner dans le plaisir vous apportera davantage de choses plaisantes.
6. Observez maintenant vos pensées et vos émotions. Avez-vous l'impression de vous tenir dans un océan de possibilités infinies ? Vos limitations ont-elles disparu ? Ressentez-vous beaucoup de gratitude, d'amour, de joie ?
7. Remarquez qu'il s'agit de vous. Vous êtes cet espace et cette sagesse infinis. Vous êtes ce magnifique être de lumière. Vous n'êtes pas vos croyances limitantes ou les constructions mentales desquelles vous opérez souvent. Vous êtes bien plus que cela. Vous êtes un être divin. Un être à la magnitude infinie.

8. Répétez cela souvent durant la journée. Chaque fois que vous vous sentez inférieur(e). Chaque fois que vos pensées vous accablent. Chaque fois que vous en voulez plus. Il s'agit de l'espace où recevoir.

METTRE À JOUR UNE PART TRAUMATISÉE DE SOI EN PARTAGEANT SES RÉUSSITES

Bien souvent, une part de nous vit toujours dans le passé, dans un traumatisme. Peut-être que votre famille n'avait pas beaucoup d'argent quand vous étiez enfant, et que vous avez donc absorbé le stress que ressentaient vos parents au moment de faire les courses ou de payer le loyer. Ou peut-être un professeur vous a-t-il dit que vous n'iriez jamais loin (ce qui m'est personnellement arrivé), ou peut-être que vous n'avez pas pu étudier ce que vous vouliez. Il se pourrait que vous perceviez la fermeture de votre entreprise comme un échec.

Au moment où le traumatisme s'est produit, une part de vous a pris le dessus pour vous protéger de la souffrance. Il est possible qu'elle continue à vous protéger aujourd'hui en vous empêchant de faire ce qu'il faut pour atteindre vos buts. Elle ne veut pas que vous soyez berné(e) par de faux espoirs ou que vous vous mettiez en *danger* en échouant à nouveau. Ajoutez à cela le fait que votre cerveau ne sait pas faire la différence entre le danger que représente le lancement d'un programme de coaching qui n'obtient pas autant d'inscriptions que prévu et le danger que représente un tigre affamé – et vous obtenez un cocktail détonant pour votre système nerveux. Si vous laissez cette part traumatisée vous guider, ou plutôt vous étouffer, avec ses craintes, vous pourriez ne jamais avancer vers votre rêve – ou vous lancer avec une peur qui vous empêchera d'attirer les résultats voulus.

Cette part de votre être vous retient activement dans la passivité.

Lorsque j'ai remarqué qu'une alarme se déclenchait dans ma tête dans certaines situations, ou face à certaines personnes, cela a généralement un rapport avec une part protectrice de moi (comme la « Furax », que j'ai décrite précédemment).

Parfois, le simple fait de se connecter à cette part de moi-même et de lui montrer qu'elle n'a plus dix ou douze ans et que de l'eau a coulé sous les ponts suffit à réécrire ce traumatisme. Je lui montre que je suis une adulte, désormais. Je suis une auteure à succès et une coach qu'on invite à des conférences. J'ai des amis et une famille qui m'aime.

Parfois, il existe une part de nous-mêmes ayant besoin d'être guérie d'un traumatisme générationnel, ou d'une blessure provenant d'une vie antérieure. Par exemple, je travaillais avec une part de moi-même qui me donnait l'impression d'avoir la gorge serrée. Quand j'ai demandé si ce traumatisme venait de cette vie ou d'une autre, j'ai entendu qu'il s'agissait de la deuxième option. J'ai donc demandé ce que cette femme avait à me partager.

Elle était très agitée, et en panique, jusqu'à ce que je l'autorise à exprimer ses peurs. Elle me répétait sans cesse : « Danger, danger. » Quand je l'ai écoutée, il en est ressorti qu'elle craignait que je sois étranglée si je donnais mon avis – surtout à un homme. Tel était ce qu'elle avait vécu dans plus d'une vie. Pas étonnant que j'ai passé presque l'intégralité de cette vie à tenir ma langue ! Pas étonnant que je n'aimais pas qu'on s'approche de mon coup quand j'étais plus jeune.

Je l'ai donc remerciée pour m'avoir confié ce qui lui était arrivé et lui ai montré la vie que je mène aujourd'hui. Je l'ai laissé voir que nous vivons au vingt-et-unième siècle. Je suis propriétaire, j'ai le droit de vote, et je peux travailler – et même être riche. Je ne vis pas avec le moindre homme violent au point de m'étrangler. Je lui ai également dit que j'avais pris des cours de krav-maga en lui assurant que je ne me mettrais jamais dans une situation où donner mon avis pourrait me conduire à mourir étranglée.

Elle s'est grandement détendue. J'ai perçu de cette interaction qu'elle avait essayé de me transmettre ce message toute ma vie et qu'une fois qu'elle en a enfin été capable, en sentant que je la prenais au sérieux et que j'allais bien, elle a pu passer à autre chose, ou me soutenir d'une autre manière.

Nous reparlerons du travail à effectuer pour intégrer ces parts d'ombre dans l'outil *Purger la souffrance*, mais accueillir les réussites constitue également une méthode efficace pour mettre à jour ces parties de votre être coincées dans le passé. Essayez la méditation suivante pour vous connecter à une part blessée de vous-même afin de la mettre à jour et de l'informer de vos réussites actuelles.

Je tiens à vous rappeler que ce livre n'a pas pour intention de remplacer l'aide d'un thérapeute reconnu par l'État. Travailler sur vous-même aux côtés d'un professionnel de santé spécialisé dans les systèmes familiaux internes, ou dans la RTT® vous permettrait d'approfondir grandement l'exercice.

MÉDITATION POUR PARTAGER vos réussites avec votre être piégé dans le passé

1. Faites tomber vos barrières (imaginez votre carapace se dissoudre).
2. Élargissez votre conscience d'un million de kilomètres dans toutes les directions. Imaginez-la se propager à l'infini.
3. Appelez votre Moi supérieur. Visualisez-le comme

une boule de lumière descendant du ciel pour vous entourer.
4. Invitez maintenant une part de vous qui pourrait résister à, ou être dérangée par, quelque chose. Si aucune ne vous vient à l'esprit, observez simplement ce qui apparaît.
5. Où la sentez-vous dans votre corps ?
6. Quel âge a cette part de vous-même ? Autrement dit, quel âge aviez-vous lorsqu'elle a vu le jour ? Fait-elle part de cette vie, ou d'une autre ?
7. Si un souvenir particulier est associé à la création de cette part de vous-même, demandez-lui de vous montrer ce qu'elle a vécu, ou ce à quoi elle croit.
8. Remerciez-la de vous avoir montré ce souvenir ou ses croyances. Remerciez-la d'avoir essayé de vous protéger et de vous prévenir du danger.
9. Montrez-lui tout ce que vous avez accompli. Dites-lui en quelle année nous sommes. Dites-lui que vous avez grandi, que vous connaissez le succès, et que vous êtes une personne magnifique dont les accomplissements sont nombreux. Montrez-lui ceux qui font votre fierté.
10. Faites constater à cette part de votre être que ses peurs sont infondées. S'il s'agit d'une part de votre enfance, montrez-lui que vous êtes désormais adulte. Montrez-lui que vous avez du pouvoir et qu'on ne peut plus vous malmener de quelque manière que ce soit. Montrez-lui certaines de vos réussites. S'il s'agit d'un traumatisme lié à une vie antérieure, communiquez-lui votre réalité présente.
11. Maintenant, demandez si elle serait prête à se retirer pour vous laisser le contrôle, ou si elle

pourrait trouver un autre moyen de vous soutenir. Dites-lui que vous n'avez même pas besoin de savoir comment.
12. Lorsque vous aurez le sentiment d'être parvenus à un accord, demandez s'il existe d'autres parts de vous-même qui aimeraient s'exprimer ou qui craignent que le danger découle de cette mise à jour. Si tel est le cas, répéter le processus pour ces parties.
13. Une fois l'opération terminée, remerciez toutes les parts de votre être. Remarquez que l'expansion se traduit par le contrôle et l'influence du Moi supérieur. Constatez ce sentiment d'amour inconditionnel, de gratitude, et d'abondance. Sentez-vous à quel point il était important et cohérent de s'assurer que votre être tout entier était prêt à accueillir vos victoires ? Sentez-vous tout le pouvoir et la plénitude qui vous parcourent maintenant que vous êtes réellement en mesure d'accepter votre situation et ce dont vous êtes capable ?

VOIR LA VIE EN ROSE

Il existe une façon d'appréhender n'importe quelle situation qui étendra et ouvrira votre champ énergétique aux possibilités infinies de la création... ou qui le détruira. L'outil de ce chapitre a précisément pour but cette expansion et cette ouverture énergétique. Vous recherchez et célébrez ce qui se passe bien, pas ce qui se passe mal. Voilà de quoi je parle lorsque je vous dis de voir la vie en rose.

Je devrais remarquer que nous ne voulons pas aspirer à ce que l'on appelle communément la « positivité toxique ». Il ne s'agit pas ici de réprimer les sentiments de mécontentement. Il ne s'agit pas non plus de refuser de regarder la réalité en face lorsque cette dernière n'est pas très flatteuse, ou saine. Le but n'est pas de vous laver le cerveau jusqu'à penser qu'une mauvaise chose est bonne. Croyez-moi, j'en ai déjà fait les frais – et pas qu'un peu. En tant que jeune adulte et fervente croyante de la doctrine d'Abraham-Hicks, j'étais devenue experte dans l'art de faire l'autruche quand quelque chose n'allait pas. Si je n'aimais pas une chose, j'arrêtais de me concentrer dessus en espérant qu'elle disparaisse. La majorité des outils décrits dans ce livre ont pour objectif de vous faire ouvrir les yeux et de vous emmener vers les parts les plus sombres de vous-mêmes afin que vous puissiez les intégrer et devenir un être complet.

Suivez votre instinct, cette petite voix qui saura vous dire quand quelque chose doit être réglé, et ce problème disparaîtra – non pas, car vous aurez détourné votre attention de lui, mais parce que vous aurez pris la situation en main.

Cela étant dit, voir la vie en rose vous aidera à maintenir cet état d'expansion.

J'ai un jour été invitée à une séance de dédicaces autour de la *dark romance* en France. Mon contact m'avait informée que je serais considérée comme une VIP et que les organisateurs de l'événement couvriraient le coût de mon billet d'avion et de mon séjour à l'hôtel. J'en étais honorée, comme vous pouvez l'imaginer. Je n'avais jamais été traitée de la sorte auparavant. Ils pensaient que j'allais attirer des hordes de lecteurs et avaient prévu de vendre des billets afin que ce ne soit pas trop le bazar.

Mais l'énergie qui entourait cette séance de dédicaces semblait chaotique. Mon sixième sens me disait également que quelque chose clochait – surtout quand l'arrivée du billet d'avion était sans cesse repoussée. Je n'étais toujours pas certaine de pouvoir me rendre en France, à quelques semaines de l'événement.

J'ai donc demandé des réponses à mon intuition en me servant de mon journal, tôt le matin. J'ai réalisé que cette séance de dédicaces serait ce que je déciderais d'en faire. J'avais raison de penser que quelque chose *clochait*, mais je serais tout de même en mesure d'en tirer du positif si je choisissais d'y aller.

Je me suis donc procuré un billet d'avion à mes frais (avec la promesse d'être remboursée) et me suis rendue sur place. En voyant la situation à travers un filtre moins rose, beaucoup de choses ne se sont pas bien passées. Mes bagages se sont perdus en chemin. Personne n'est venu nous chercher à l'aéroport, malgré la promesse faite à ce sujet. Je ne parle pas français, ce qui m'a rendue anxieuse à l'idée de demander de l'aide pour retrouver mes affaires, et qui n'a pas facilité mon trajet jusqu'à l'hôtel. La séance de dédicaces elle-même comportait également de nombreuses promesses non tenues, surtout au détriment des bénévoles et des lecteurs. Mon déjeuner, censé être sans gluten, était une salade de pâtes, donc je n'ai mangé que deux paquets de chips. Sans mes bagages, impossible de décorer mon stand et d'y exposer proprement mes livres. J'ai entendu toute une cacophonie de réclamations de la part des auteurs, des lecteurs, et des bénévoles, qui est allée crescendo jusqu'à la fin de l'événement. En fait, j'ai entendu par la suite que les participants qui avaient acheté des billets ont attaqué les organisateurs en justice. Comme vous l'avez probablement deviné, on ne m'a jamais remboursé mon billet d'avion.

Mais, pour moi, c'était une expérience incroyable.

Puisque j'avais reçu la confirmation que j'étais en mesure de faire de ce voyage quelque chose de positif, j'y étais programmée. Je voyais la vie en rose. J'ai pris, par miracle, le même vol que Natasha, une autre auteure anglophone et VIP de l'événement. En l'occurrence, son mari n'avait pas pu l'accompagner à cause d'un problème de famille – et j'ai donc pu m'asseoir à côté d'elle. Elle est restée avec moi et m'a permis de m'en sortir avec cette histoire de bagages perdus et de transport jusqu'à l'hôtel.

Une fois arrivés là-bas, nous avons rencontré les organisateurs qui avaient payé nos chambres et nous sommes installées. Puisque je n'avais pas de vêtements, nous sommes allées faire un peu de shopping à Toulouse afin de me trouver une tenue mignonne à porter pour la séance de dédicaces – aucune tragédie à déplorer de ce côté-là. Natasha m'a également présentée à l'unique autre auteure anglophone de l'événement, Charmaine, et nous avons passé un fantastique dîner tous ensemble avec elle et son mari. En fait, ce dernier est français, donc il nous a été facile de manger au restaurant ce weekend-là grâce à son aide.

La séance de dédicaces a été fabuleuse. Voir toute une queue devant mon stand était un rêve devenu réalité. J'avais à mes côtés une formidable interprète bénévole que je tiens toujours pour amie aujourd'hui. Natasha, Charmaine et moi avons tissé des liens en passant un très bon weekend ensemble, puisque nous étions les seules à parler anglais. Même si je n'ai jamais vu la couleur de l'argent promis pour mon billet d'avion, je n'ai pas eu à payer pour mon stand ou ma chambre d'hôtel – ce qui n'est pas le cas des autres événements où je me rends généralement.

Vous pourriez me rétorquer que voir la vie en rose ne m'a pas créé de nouvelles possibilités, mais a simplement changé ma perception de l'événement. Après tout, de nombreuses choses ont tout de même mal tourné.

Mais imaginez que je sois restée dans une attitude pessimiste. Je serais arrivée à l'hôtel, complètement mécontente de la perte de mes bagages et enragée par le fait que les organisateurs ne soient pas venus nous chercher comme promis. J'aurais pu me plaindre et jouer les martyrs, car je n'avais ni vêtements ni articles de toilette. Le dîner aurait été horrible avec une telle humeur, ce qui signifie que j'aurais raté l'occasion de me faire de nouvelles amies. J'aurais résonné avec tout ce que j'entendais autour de moi durant les dédicaces concernant le travail bâclé des organisateurs. Je serais donc sans doute revenue à la maison épuisée et toujours en rogne, plutôt que revigorée et satisfaite.

Je crois que le fait que je m'attende à ce que ce voyage me soit bénéfique m'a permis de chercher les petites victoires. J'ai les ai accueillies au lieu de compter mes problèmes. J'ai gardé mon champ énergétique ouvert et j'ai reçu de nouvelles amitiés, de nouvelles opportunités, et une belle expérience que je chérirai toujours.

Voir la vie en rose vous place dans un état énergétique permettant de recevoir. Cela signale à l'univers que vous aurez plus de victoires, de réussites. Vous créerez littéralement ce que vous recherchez, donc si vous passez votre temps à compter les problèmes, vous en aurez de nouveaux. Si vous n'avez d'yeux que pour les réussites – grandes ou petites –, vous en trouverez davantage. Vous recevrez toujours ce sur quoi vous vous focalisez.

Rechercher le plaisir

L'un des principes de la méthode Feldenkrais® que j'enseigne, c'est-à-dire l'éducation au mouvement, est de donner l'instruction : « Recherchez le plaisir », ou de demander : « Comment rendre ceci plus agréable ? » tandis que l'élève s'applique à une séquence de mouvements guidés. L'idée est que le simple fait de chercher le plaisir donnera l'ordre au cerveau ainsi qu'au système nerveux d'organiser le mouvement de sorte qu'il soit le plus ergonomique possible, tout en limitant au maximum l'effort à fournir. La beauté du processus est que vous, en tant qu'élève, n'avez pas à savoir comment atteindre ce mouvement idéal. Contrairement à la Technique Alexandre®, où le praticien doit parfois passer une séance entière à expliquer à l'élève comment *bien* tenir sa tête en se levant et en s'asseyant, il n'y a ici rien à savoir ou à apprendre. Notre corps a déjà accès à la sagesse. C'est notre système nerveux qui apprend.

Si vous avez ordonné à votre corps de fournir de grands efforts, il s'organisera en conséquence. Vos muscles se surmèneront et se contracteront là où ils ne sont pas nécessaires dans ce que le Dr Feldenkrais appelait les « actions parasites ». Ces contractions musculaires inutiles combattent et ralentissent le mouvement naturel, ce qui crée de la douleur, de la tension, et de la rigidité.

Vous savez que je suis sur le point de faire une analogie, n'est-ce pas ?

Le subconscient est en tout point comme le corps. Il peut parfois se surmener. Il est programmé pour fournir des efforts. Il essaie de vous protéger des tigres qui vous ont mordu(e) en quatrième. Mais si nous lui demandons de chercher le plaisir, il le trouvera. Il cherchera l'aisance. Il empruntera la voie de la facilité. Vous serez donc en mesure d'appréhender vos tâches à accomplir d'un point de vue créatif, sans être sous pression.

Lorsque vous chercherez le plaisir, l'univers se réorganisera entièrement pour que tout sur votre chemin tourne autour du plaisir.

Quand je me sens coincée ou bloquée par quelque chose, je pose la question : « Comment est-ce que ça pourrait être plus agréable ? » L'univers répondra toujours aux questions que vous lui posez en vous montrant l'énergie correspondante. Ainsi, si vous vous demandez : « Pourquoi est-ce si dur ? », vous verrez davantage de difficultés apparaître.

Rechercher le plaisir vous fait échapper à la pression du but que vous cherchez à atteindre. Et maintenant que vous vous focalisez sur le plaisir, l'approche devient multidimensionnelle. Vous chercherez du plaisir dans votre corps, votre environnement, et vos actes. Vous ouvrez une porte vers d'autres possibilités, plus agréables que celles dont vous disposez actuellement. L'univers vous montrera la voie de la facilité. Vous pourriez même recevoir l'objet de vos désirs sur un plateau, comme on dit !

Utiliser d'autres questions génératives

Votre cerveau et l'univers répondront à toutes vos interrogations. Vous pourriez poser des questions telles que :

- Comment suis-je si productif(ve) ?
- Comment suis-je si sexy ?
- Pourquoi est-ce que tout le monde aime mon travail ?
- Qu'est-il également possible dans cette situation ?
- Où sont mes journées emplies d'inspiration ?
- Pourquoi est-ce que je me fais des amis partout où je vais ?
- Pourquoi est-ce que tant de gens m'aiment et me soutiennent ?
- Comment suis-je devenu si doué(e) pour faire et recevoir de l'argent ?

Il s'agit de questions génératives et affirmatives impliquant que vous avez déjà du succès dans ce que vous essayez d'accomplir (au lieu de vous dénigrer, car vous n'avez pas encore réussi). Puisque ces affirmations sont remodelées en questions, elles passeront sous les radars des résistances conscientes ou inconscientes que vous pourriez avoir. Au lieu de cela, votre cerveau tournera à plein régime pour trouver les réponses que vous cherchez ! Votre énergie s'alignera avec l'objet de votre désir et l'univers l'apportera à votre porte.

Parfois, quand je suis coincée face à une conclusion évidente (généralement que quelque chose craint), répéter la question : « Qu'est-il également possible actuellement ? » encore et encore allègera l'énergie autour de la situation jusqu'à ce que je commence à voir d'autres possibilités que je n'avais pas soupçonnées.

Ne tamisez pas votre lumière pour protéger les autres, ou vous-même

Il est possible que nous ne nous autorisions pas à recevoir les réussites en raison de nos relations interpersonnelles. Dans mon cas, j'avais tendance à dire : « Mais il faut compter les revenus de ma co-auteure », juste au cas où *quelqu'un* remettrait ma réussite en question pour arriver à la conclusion que je n'avais pas réellement atteint mon but. Je rejetais cette victoire dès le départ afin d'éviter un jugement externe.

Nous apprenons généralement à minimiser nos accomplissements. Nous ne voulons pas paraître trop fiers. C'est un péché capital, non ? Vous avez peut-être été élevé(e) dans la honte de ressentir cette fierté. Ou peut-être avez-vous l'impression de vous vanter. Pourtant, dans le livre *Mieux vivre grâce à la pensée positive*, le Dr Barbara Fredrickson nous explique que les études ont montré que la fierté comporte un magnifique but biologique – elle nous pousse à l'action. **La fierté est le catalyseur vous permettant de créer l'avenir que vous désirez.**

J'ai également dévalorisé ma réussite afin que mes amies ne soient pas trop abattues en voyant que j'avais atteint le million par an avant elles. Je crois que nous, les femmes, sommes éduquées dans cette optique. Nous sommes des personnes gentilles, attentionnées et emplies de compassion. Nous ne voulons pas que nos réussites fassent du mal à nos amies. Même les plus compétitives d'entre nous font probablement en sorte de ne pas donner un sentiment d'infériorité à leurs plus proches amies.

Mais voilà le hic – se dévaloriser n'aide en réalité personne.

Peut-être devrais-je le répéter ? Je crois que oui. **Dévaloriser l'essence de ce que *vous* êtes n'aide personne.**

Tamiser votre lumière, la cacher, la bâillonner, l'abattre, prétendre qu'elle n'est pas si brillante que ça – rien de tout cela ne vous sera bénéfique, à vos proches et vous.

En fait, le fait d'être intégré(e) et d'accepter pleinement votre valeur en célébrant vos réussites – même les plus petites – rend service à tout le monde. **Votre succès montre l'exemple.** Savoir que certaines de mes amies étaient capables d'infiltrer le top 25 d'Amazon, de gagner des sommes à sept chiffres et de voir leurs romans adaptés en films m'a donné le sentiment que je pouvais, moi aussi, y arriver. Mais je sais également comment utiliser les réussites de mes amies pour propulser les miennes, d'un point de vue énergétique. Leurs accomplissements ne me font aucun mal, car je ne les accueille pas par de la résistance. Je les célèbre comme s'ils étaient miens, et ainsi partage leur énergie pour m'y ajuster. Je vous expliquerai comment faire un peu plus loin dans ce chapitre.

Il ne s'agit pas ici de montrer vos réussites de manière ostentatoire afin de prouver votre valeur. Je ne vais pas vous dire que je ne l'ai jamais fait, mais cette attitude provient d'un sentiment de manque. Si une partie profonde de votre être pense que vous n'aurez pas de valeur avant d'atteindre un certain but – comme gagner des millions –, il est possible que vous vouliez vous servir de ce niveau de revenus pour impressionner autrui. Lorsque j'ai remarqué que je mettais toujours un point d'honneur à parler de ces millions gagnés grâce à mes romans dans une conversation, je me suis rendu compte que j'utilisais ma réussite comme une façade – et j'ai ainsi compris que j'avais encore du travail à effectuer du côté de l'image que j'avais de moi-même. Si vous pensez vous servir de vos accomplissements pour combler un vide ou vous sentir méritant(e), assurez-vous de passer du temps avec l'outil n° 2 pour vous défaire de tout cela.

D'un autre côté, j'ai également constaté que je cachais mon éclat. Je prétendais être plus bête que je ne l'étais dans bon nombre de conversations. Je faisais semblant d'être moins assurée – surtout devant des hommes. Je ne dirais pas que je prétendais être idiote, mais il était évident qu'une part de moi rapetissait pour que mon interlocuteur se trouve grandi. Je laissais les gens prendre des décisions à ma place, ou me dire quoi faire. Cela faisait partie de mon fantasme concernant la soumission. Néanmoins, le fait de ne pas briller de tout mon éclat a créé des problèmes dans mes relations. Je donnais l'impression que je me retenais – parce que c'était le cas ! Et je me retrouvais gagnée par le ressentiment quand les choses n'allaient pas comme je l'espérais, alors que j'étais à l'origine de mon impuissance en déléguant les décisions à autrui.

Vous n'avez pas besoin de célébrer vos réussites en fanfare et en jouant les m'as-tu-vu. Cette célébration peut être strictement personnelle. Pour moi, l'état d'acceptation me donne l'impression d'ouvrir mon champ énergétique à… *moi*. Je suis en mesure de ressentir et de célébrer ma propre énergie. Je vous guiderai dans ce processus avant la fin de ce chapitre.

Je vous suggère fortement de cultiver un cercle d'amis prêts à célébrer vos réussites plutôt qu'à vous concurrencer. La joie qui règne dans nos communautés réunies autour d'*Écrivez votre réussite* et du programme Money Magic réside en partie dans le fait que personne ne se juge, et que tout le monde partage ses réussites. Nous encourageons nos membres à poster leurs accomplissements afin que nous puissions les applaudir. Si votre cercle d'amis comporte un amour pour la compétition, vous pourriez inverser la tendance. Démarrez une conversation en disant : « Qu'est-ce que tu célèbres cette semaine ? »

La fierté, c'est le pouvoir

Utiliser cet outil pour accueillir les réussites – les accepter, les célébrer et se focaliser dessus – est un jeu qui vous en apportera toujours plus. Prenez également l'habitude de célébrer les réussites de votre famille et de vos amis. Lorsqu'ils dévalorisent leurs accomplissements, ou se concentrent sur leurs échecs, ramenez-les sur le droit chemin en leur montrant ce qu'ils ont déjà accompli. N'oubliez pas : la fierté, c'est le pouvoir.

Jeux à la maison

1 Cultivez un groupe d'amis qui célèbrera vos réussites. Besoin d'un endroit où commencer ? Rejoignez le groupe Facebook *Relax to Riches*. Bien évidemment, cette tâche ne sera pas accomplie en une semaine, mais vous pourriez commencer par faire l'inventaire des proches qui célèbrent vos réussites, et de ceux qui ne cherchent qu'à ternir votre succès.

2 Créez un dossier qui déchire. Voilà une tâche que ma co-auteure Lee Savino m'a confiée, une fois. Créez un dossier où vous rangerez toutes les preuves que vous avez tout déchiré. Le mien est un dossier virtuel sur ma boîte mail. J'y mets des captures d'écrans de mes publications sur les réseaux et des emails de lecteurs me disant qu'ils ont adoré mon livre. L'idée est que vous puissiez vous remémorer votre succès si vous avez le moral à zéro. Je ne sais pas si j'ai déjà passé mon dossier en revue, mais je trouve que le fait de le remplir porte mon attention vers le nombre de réussites que je reçois chaque jour et m'empêche de me focaliser sur les quelques critiques qui plomberaient mon humeur.

3 À LA fin de chaque journée, **documentez trois réussites, grandes ou petites, dans votre journal**. Une fois encore, c'est l'acte de cataloguer ces réussites qui signale à votre cerveau que quelque chose d'important s'est produit, et que vous devez y prêter attention. Et, bien sûr, nous savons que ce à quoi vous prêtez attention affecte ce que vous recevez. Vous pourriez essayer de suivre trois micromoments de connexion humaine chaque jour, comme le Dr Barbara Fredrickson le demandait aux participants de son expérience.

4 CATALOGUEZ **et célébrez chaque réussite en termes de projection.** Plus vous prêter attention à vos compétences en termes de projection, plus votre assurance sera grande – et nous savons que la croyance en nos capacités est une composante intégrale dans l'attraction de l'objet de nos désirs.

5. **Planifiez les célébrations de vos futurs accomplissements.** J'ai décidé que lorsque j'atteindrai ces trois-cent-mille dollars par mois, mon fils et moi irons rejoindre ma vie à Seattle pour dîner au Space Needle. Repensez aux bouteilles de Moscato que Stella avait sur son bureau. Existe-t-il un système de récompense qui serait amusant pour vous ? Publiez vos plans sur le groupe *Relax to Riches*.

. . .

6. Pratiquez la méditation sur l'Unité, et celle pour partager vos victoires avec votre être piégé dans le passé.

7. Continuez votre routine sacrée chaque soir, écoutez un enregistrement subliminal une nuit par semaine, analysez vos rêves et pratiquez la guérison de vos parts d'ombre.

OUTIL N° 7

Consumer les cannibales

CHAPITRE DIX-SEPT

Ne nous voilons pas la face : de nombreuses personnes ne sont pas faciles à vivre dans ce monde. Les gens qui n'ont pas réalisé le travail d'intégration de leurs parts d'ombre cherchent souvent à soulager leurs douleurs ou à satisfaire leurs envies à travers autrui. À satisfaire des besoins qu'ils ne savent pas comment satisfaire seuls.

Vous pourriez être perturbé(e) par quelqu'un, car il ou elle remue le couteau dans une plaie que vous n'avez pas encore intégrée.

Même si je crois que le fait d'élever nos vibrations nous éloigne des gens négatifs ou au comportement déplaisant, il nous faut *inévitablement* composer avec eux.

J'aime me rappeler que les relations interpersonnelles sont les expériences les plus propices à la croissance. Des gens difficiles à vivre peuvent se trouver au sein de votre famille, et donc être inévitables. Vous êtes lié(e) à eux. Ce sont peut-être des gens que vous aimez, votre patron, ou des collègues.

Il se pourrait également que vous deviez composer avec eux afin d'obtenir ce que vous désirez. Le vendeur de voitures, l'agent immobilier qui propose la maison de vos rêves, ou encore le producteur du film sur lequel vous travaillez.

Ce sont des gens que l'on appelle communément des « vampires énergétiques » – ou cannibales –, et qui cherchent à vous consumer.

Eh bien, consumez-les en premier.

LES GENS *SERONT* JALOUX.

Celles et ceux qui n'ont pas encore compris comment accepter les réussites de leur entourage pour alimenter leurs propres accomplissements seront jaloux. Ils vous *jugeront*. Ils pourraient parler dans votre dos, vous dénigrer, poster des commentaires négatifs sur vos publications, ou même essayer de mettre fin à votre carrière. Comme l'a si bien dit Taylor Swift : « Haters gonna hate. » Comprenez : « On ne peut pas plaire à tout le monde. »

C'est une réalité. Si, comme moi, vous êtes sensible à l'énergie, vous pouvez ressentir la haine d'autrui dans vos tripes. Vous ressentez de la douleur et avez l'impression de recevoir des coups de poignard énergétiques dans le dos.

La première fois que je faisais partie d'un groupe ayant pour but de former une anthologie dans l'optique d'atteindre la liste des best-sellers du quotidien *USA Today*, l'organisatrice a été frappée par de terribles migraines pendant les jours qui ont suivi le lancement de notre projet. J'ai compris par la suite qu'elle avait été bombardée de poignards énergétiques par les auteures qui n'avaient pas été invitées à participer. Elles avaient l'impression d'être mises de côté ou étaient jalouses du succès que nous aurions.

PROTECTION VS EXPANSION

J'ai effectué un travail énergétique sur elle afin de la purifier, et les migraines ont cessé, mais cela m'a servi de puissant rappel quant au pouvoir que la jalousie peut exercer sur notre corps. De nombreux praticiens énergétiques recommandent d'utiliser une « cloche », ou une sorte de bouclier énergétique afin de maintenir les énergies négatives à distance. Même si c'est effectivement ce que j'ai fait pour l'organisatrice, ce n'est pas ce que je vais vous suggérer ici.

S'entourer d'une bulle protectrice pour empêcher la négativité d'autrui de vous atteindre est une mesure défensive qui renforce la notion que vous êtes vulnérable, voire faible. Cette solution n'est que temporaire et ne vous permettra pas de vivre en laissant votre lumière briller de mille feux, ou d'être simplement vous-même.

Au lieu de cela, je vais vous suggérer d'entrer en expansion. En faisant tomber vos barrières et en élargissant votre champ énergétique, vous aurez accès à toute l'énergie de l'univers. Rien ne peut vous atteindre lorsque vous vous trouvez dans cette configuration. Réfléchissez à cela : si vous déposiez une goutte de vinaigre dans l'océan, elle disparaîtrait. Voilà comment les choses fonctionnent lorsque votre champ énergétique entre en expansion – la négativité ne peut pas vous atteindre. Elle sera là, dans votre champ énergétique, car vous êtes ouvert(e) à tout ce qui est, mais elle ne vous affectera pas. Cette méthode est bien plus pratique et utile que d'essayer de rester positif, de s'entourer de gens positifs, et d'éviter toute négativité, ou jugement.

Je crois également que si vous choisissez de ne pas attirer de détracteurs, ils ne se manifesteront pas. Nous attirons ce à quoi nous résistons. Lorsque vous vous rongez les sangs quant à ce que les gens pourraient penser de votre travail et ce qu'ils pourraient en dire, il est presque garanti que vous essuierez des critiques. Mais si, au lieu de cela, vous affrontez vos peurs et êtes prêt(e) à incarner l'énergie de ce que vous percevez comme étant jugé sans vous juger vous-même, alors vous n'attirerez aucun détracteur. J'ai aussi découvert que je si je décide simplement d'être entourée par des gens positifs, et de n'entendre que des réponses positives, eh bien je ne trouve que cela, car il s'agit de ce que je recherche. Les critiques sont probablement toujours là, mais elles ne font que donner des coups d'épée dans l'eau.

Faites tomber vos barrières et permettez aux bonnes choses de s'infiltrer dans votre réalité, et ce dans toutes les directions. Acceptez votre grandeur. Entrez en expansion, et vous vous ouvrirez à un état d'acceptation totale d'où vous pourrez tirer une sagesse et des possibilités infinies.

EXERCICE POUR ENTRER EN EXPANSION

1. Faites tomber vos barrières (imaginez votre carapace être réduite en poussière).

2. Imaginez une boule de lumière autour de vous, s'étendant sur un mètre dans toutes les directions. Votre boule est-elle une sphère ? Ou est-elle difforme ? A-t-elle des bosses, des entailles ? Est-elle effondrée d'un côté ? (Ne jugez pas, observez simplement.

3. Élargissez votre conscience d'un million de kilomètres dans toutes les directions. Imaginez-la se propager à l'infini.

4. Vibrer dans cet espace en expansion. Remarquez l'interconnexion que vous ressentez. Vous faites désormais partie de l'Unité, ou tout ce qui est. Dans cet espace, vous avez accès à tout. À toutes les réponses. À toutes les énergies que vous désirez attirer (l'amour, le succès, la gloire, l'abondance, la liberté, le plaisir). Tout ce que vous avez à faire est de les appeler et de raisonner avec.

5. N'oubliez pas que ce avec quoi vous choisissez de

vibrer se manifestera dans votre vie. Donc mariner dans le plaisir vous apportera davantage de choses plaisantes.

6. Observez maintenant vos pensées et vos émotions. Avez-vous l'impression de vous tenir dans un océan de possibilités infinies ? Vos limitations ont-elles disparu ? Ressentez-vous beaucoup de gratitude, d'amour, de joie ?

7. Remarquez qu'il s'agit de vous. Vous êtes cet espace et cette sagesse infinis. Vous êtes ce magnifique être de lumière. Vous n'êtes pas vos croyances limitantes ou les constructions mentales desquelles vous opérez souvent. Vous êtes bien plus que cela. Vous êtes un être divin. Un être à la magnitude infinie.

8. Répétez cela souvent durant la journée. Chaque fois que vous vous sentez inférieur(e). Chaque fois que vos pensées vous accablent. Chaque fois que vous en voulez plus. Il s'agit de l'espace où recevoir.

COMMENT COMPOSER AVEC VOTRE PROPRE JALOUSIE

Comme je l'ai dit précédemment, j'ai utilisé les réussites de mes amies pour alimenter les miennes. Je sais que célébrer leurs accomplissements comme s'il s'agissait des miens me met en résonance avec leur énergie et me permet d'attirer ce succès dans ma vie.

Le moyen le plus rapide et le plus facile de reprogrammer votre cerveau est d'absorber les réussites de tout le monde comme s'il s'agissait des vôtres, à voix haute ou en silence. Dites : « Je l'aurai aussi. » Lorsque vous affirmez que vous connaîtrez également le succès, vous attirez cette énergie. Vous vous ajustez sur sa fréquence. Si, en revanche, vous permettez à votre jalousie de prendre le contrôle, vous entrez dans un état de résistance face à l'objet de votre désir. Vous le rejetterez.

Répéter cette petite phrase est devenue une telle habitude pour moi que je ne me sens que rarement jalouse aujourd'hui. Mais lorsque cela arrive, je le célèbre. Au lieu de percevoir ma jalousie comme le signe que je ne peux pas obtenir quelque chose ou que je ne suis pas assez bien, je remarque qu'il signifie que quelqu'un a obtenu ce que je désire, *mais que je ne m'autorise pas à avoir.*

Rappelez-vous que tout ce qui est présent dans votre vie aujourd'hui est le fruit des envies de votre subconscient. L'extérieur est comme l'intérieur. Ainsi, si je n'ai pas ce que mes amies ont, cela doit signifier qu'une part de moi m'empêche d'y accéder.

Réfléchissez à ceci : si quelqu'un possède quelque chose que je veux, et que je crois pouvoir avoir, je serais tout simplement enthousiaste. Je me dirais : « Oh, waouh. Elle a des petites sandales trop mignonnes. Je vais lui demander où elle les a achetées pour me prendre une paire aussi. »

Mais si quelqu'un possède quelque chose que je ne pense *pas* pouvoir obtenir, alors la jalousie se manifeste. Si vous vous rappelez que vous êtes en mesure d'obtenir *tout* ce que vous voulez, et que *tout* est possible si vous vous donnez le droit d'y croire, alors vous verrez que vous êtes la seule personne à vous empêcher d'obtenir ce que les autres ont.

Si mes explications semblent trop simplistes, veuillez m'en excuser. Je vais vous donner un exemple issu de ma vie. Une de mes amies a lancé un programme de coaching. Je me suis sentie encline à la critique et j'ai eu un léger goût amer dans la bouche. *Pour qui se prenait-elle, à donner des cours sur ce sujet-là ?*

Au lieu de construire une opposition du style : « J'ai raison et elle a tort » comme la société nous conditionne à le faire, au lieu de continuer à la juger – c'est-à-dire accueillir une énergie destructrice –, j'ai porté mon attention à l'intérieur de moi. Est-ce que *je* voulais donner des cours, sans me sentir assez qualifiée pour le faire ? Étais-je en train de projeter mes doutes sur mon amie ?

Eh bien, oui ! Exactement.

Voilà une formidable information. Ensuite, j'ai simplement eu besoin de découvrir comment me libérer de ce blocage afin d'être prête à *m'autoriser* à me lancer dans le coaching à mon tour. Une partie du processus était de croire que je le méritais. Puis j'ai suivi les étapes qui m'ont aidée à démarrer cette activité. J'ai investi dans mon avenir en engageant quelqu'un pour gérer tous les aspects techniques et m'aider à lancer mon premier programme.

GÉRER LA COMPÉTITION

La compétition est une énergie qui habite notre planète depuis bien longtemps. Peut-être était-elle nécessaire à notre survie, mais elle grignote souvent la valeur de l'image que nous nous faisons de nous-mêmes. Si vous êtes particulièrement porté(e) sur la compétition, vous pourriez apprendre à exploiter ce trait de caractère et en faire un superpouvoir. Utilisez-le pour allumer un feu en vous et dans vos créations en établissant des objectifs et en les visualisant. Mais ne donnez pas à cette énergie le droit de vous faire dérailler si vous commencez à vous comparer à autrui en sentant que vous êtes en perte de vitesse. Ma co-auteure Lee Savino adore la compétition, ce qui l'a poussée à gagner plus d'un million de dollars par an et à figurer sur la liste des best-sellers du quotidien *USA Today*, mais elle se voit parfois trop compétitive là où elle ne devrait pas l'être, comme lors d'une séance de yoga. La partie compétitive d'elle lui murmure qu'elle devrait prendre des cours particuliers afin de devenir la meilleure yogi de sa classe, mais il ne s'agit pas vraiment de ce qu'elle souhaite faire de sa vie. Ainsi, au lieu de céder à cette énergie, elle cherche simplement à devenir la meilleure yogi qu'une auteure à plein temps et mère de deux jeunes enfants puisse être.

Il est possible que vous ressentiez un désir de compétition plus intense avec certaines personnes plutôt que d'autres. En général, cela est dû au fait qu'ils partagent cette énergie, et vous vibrez alors sur la même longueur d'onde. Il est également possible que ces personnes incarnent l'énergie que vous voudriez posséder, mais pour laquelle vous ne vous êtes pas encore donné le droit de rêver – comme l'assurance, le courage, la clarté, la beauté, etc.

Ces personnes pourraient être des proches ou des collègues.

Bien souvent, reconnaître et nommer l'énergie peut vous aider à vous défaire de ses entraves. Avoir conscience de nos problèmes énergétiques semble constituer le meilleur remède pour s'en débarrasser.

Je préfère me plonger dans l'expression : « La marée montante met à flot tous les bateaux » – un espace où règne l'abondance plutôt que le manque. Savoir qu'il y a assez de place pour tout le monde à la grande table de la vie, et que mes réussites contribuent aux vôtres, comme les vôtres contribuent aux miennes.

Une fois de plus, lorsque vous faites face à quelqu'un qui veut se faire plus grand qu'il n'est, vous pouvez attirer cette énergie et vous en servir comme d'un carburant.

Le processus est le même que celui dédié à la jalousie. Plutôt que de résister à leur esbroufe ou leur façade, consumez-la.

MÉDITATION POUR CONSUMER LES CANNIBALES

1. Faites tomber vos barrières et élargissez-vous sur des millions de kilomètres dans toutes les directions. [Il est utile d'entrer en expansion avant de commencer à jouer avec l'énergie lorsque l'on travaille avec autrui, afin que leur énergie soit diluée et ne puisse pas vous affecter.]
2. Imaginez la personne, toutes ses façades et toute sa vantardise, comme une boule de lumière.
3. Mettez une paille dans cette boule de lumière et aspirez les choses projetées sur vous.
4. Plutôt que d'écouter ou de ressentir les énergies particulières qui sont incarnées dans leur champ – car toute cette esbroufe représente probablement un grand sentiment de ne pas être à la hauteur –, vous les acceptez simplement. Cet exercice n'a pas pour but d'accepter les énergies que la personne a ou non. Il s'agit de vous placer dans un état d'acceptation devant la prétention de quelqu'un.

Le flot d'énergie change alors ; il ne s'agit plus d'énergie *poussée* dans votre direction, mais d'énergie acceptée sincèrement dans votre champ. La personne en question relâchera sans doute sa façade et vous pourrez partager une connexion humaine plus authentique, dans un état d'écoute et d'acceptation – la communion de deux âmes, en somme.

Exercice pour consumer un cannibale avec un partenaire

Vous pouvez pratiquer cet exercice avec un partenaire. Il s'agit là d'un formidable moyen de vous entraîner à ce que votre réponse automatique en situation réelle soit de vous ouvrir à autrui plutôt que de bâtir un mur autour de vous, ou de rapetisser.

Demandez à votre partenaire de se vanter vingt fois devant vous en essayant de vous ridiculiser en comparaison, préférablement concernant des choses que vous voulez et ne pensez pas pouvoir obtenir. Par exemple, si vous écrivez, votre partenaire pourrait dire : « J'ai figuré dans les best-sellers du *New York Times* cinq fois d'affilée », ou « Tous mes livres intéressent des producteurs de films. » Si vous travaillez dans l'immobilier, votre partenaire pourrait dire : « Toutes les maisons qu'on me confie sont vendues en un jour. »

Pour chaque réplique, écoutez et *acceptez* leur vantardise.

Pour les dix premières, répondez à voix haute : « J'aurai la même chose, merci », ou « C'est aussi mon cas. » Choisissez une phrase vous permettant d'attirer et d'intégrer l'énergie que votre partenaire essaie de pousser dans votre direction au lieu d'y résister.

Par exemple, votre partenaire pourrait dire : « Mes chaussures coûtent plus cher que les tiennes », et vous pourriez répondre : « J'en prendrai une paire, alors. Merci. »

Ou encore : « Je viens de gagner dix millions en bourse », ce à quoi vous pourriez répondre : « Je gagnerai dix millions aussi. »

À mesure que ces mots sortent de votre bouche, imaginez-vous en train d'aspirer toute l'énergie juteuse que votre partenaire pousse dans votre direction. Imaginez qu'elle vous nourrit, tel un cocktail énergétique qui vous assurera de recevoir la richesse, la gloire, et tous les accomplissements que vous désirez.

Pour les dix prochaines répliques, gardez le silence et pratiquez l'exercice de la paille. Vous n'êtes pas en train de canaliser leur vantardise – qui pourrait venir du sentiment de ne pas être à leur place –, et n'êtes pas non plus en train de canaliser leur réussite. Non, vous canalisez l'énergie que la personne pousse dans votre direction. Ainsi, d'un point de vue purement énergétique, la personne se sentira *acceptée* et arrêtera peut-être son esbroufe, ou du moins se détendra un peu. **Cela vous soulagera de l'impression de devoir être sur la défensive, ou du sentiment d'infériorité, qui pourrait constituer un obstacle dans votre champ et vous empêcher de recevoir ce que vous désirez réellement.**

CHAPITRE DIX-HUIT

DÉCALER ÉNERGÉTIQUEMENT UNE RELATION

*E*n préambule de cette section, je tiens à dire que j'ai développé mes compétences pour le moins exhaustives à travailler physiquement et énergétiquement avec les gens, car je craignais le conflit et étais incapable d'établir des limites – je n'arrivais pas à me servir de ma voix pour communiquer. Je mets aujourd'hui un point d'honneur à régler ces problèmes par moi-même au lieu de jouer avec l'énergie des gens, ou de demander à l'univers de tout faire à ma place – même si ces stratégies ont assez bien fonctionné tout au long de ma vie.

Si, comme moi, vous avez tendance à éviter le conflit, ne vous sentez pas à votre place en négociant pour vos besoins, et cherchez sans cesse à satisfaire autrui au détriment de vous-même, je vous recommande le livre *Unbound: A Woman's Guide to Power* de Kasia Urbaniak. Cette femme a passé des années à essayer de devenir une nonne taoïste et a financé cette formation en travaillant comme dominatrice dans un donjon BDSM de New York. Elle possède une certaine expertise des dynamiques énergétiques en matière de communication et de négociation.

Dans tous les cas, effectuer un travail énergétique avant de communiquer ou pendant que vous le faites – ainsi qu'établir des limites – peut vous mettre sur le chemin du succès. Cela rendra votre interlocuteur plus à même d'écouter et entendre ce que vous avez à dire. Vos barrières tomberont afin de préparer à accepter ce que l'on a à vous dire, et vous serez ainsi en mesure de communiquer sans être sur la défensive.

Et pendant que nous travaillons sur l'acceptation du jugement d'autrui – et sur son utilisation comme carburant pour notre réussite –, nous pouvons également attirer l'énergie de ceux qui souhaitent nous détruire et lui permettre de fertiliser notre terreau afin de fleurir.

D'un point de vue énergétique, cela prendra la forme de l'abandon de vos barrières afin que vous puissiez entrer en expansion et attirer l'énergie de la personne qui vous vampirisait.

Si l'on vous doit de l'argent, vous pouvez attirer de l'énergie à travers la personne. Il est important de noter que vous n'attirerez pas cette énergie *de* la personne en question. Vous ne serez pas en train d'épuiser ses réserves. Vous attirerez simplement toute l'énergie de l'univers à travers le champ énergétique de la personne, puis à travers le vôtre, pour ensuite renvoyer le tout vers l'univers. Il s'agit d'un moyen de faire circuler l'énergie dans la direction de votre choix. Si quelqu'un se mêle trop de vos affaires et vous rend fou, ou folle, vous pouvez désormais inverser le flot d'énergie en attirant la leur à vous. La personne entre donc dans un état de générosité, et non de manque. Étonnamment, elle se sentira également mieux par la suite.

Se sentir *accepté* par autrui est un état fluide. C'est une communion. Je vais même m'aventurer à déclarer qu'il s'agit d'un « pouce en l'air » universel. En revanche, ne pas être accepté... eh bien, ça craint. Si quelqu'un est dans un état de négativité, se cache sous sa carapace, ou nous rejette, cela donne l'impression de se faire claquer une porte au nez. Votre énergie, ou essence, n'est pas acceptée. Ainsi, lorsque nous jouons avec ces flots d'énergie, nous permettons aux deux parties présentes de donner et recevoir.

Si vous souhaitez soutenir quelqu'un – qui a réellement besoin de votre énergie –, comme un enfant collant ou un ami en manque d'affection, vous pouvez inverser ce flot d'énergie. Attirez toute l'énergie de l'univers à travers votre dos en direction de l'arrière de votre cœur, puis faites-la circuler de l'avant de votre cœur à l'avant du cœur de la personne et renvoyez-la enfin de l'arrière de son cœur vers l'univers. Puisque vous utilisez l'énergie abondante et infinie de l'univers, personne ne se retrouve vampirisé par l'opération. Vous ne faites que créer un écoulement, un meilleur flot d'énergie, qui déjouera les blocages en place. Ce processus vous permet de changer la direction de ce flot ou d'attirer davantage d'énergie afin d'améliorer la circulation.

Essayez avec moi. Pour cet exercice, commençons avec une personne que vous aimez et avec qui vous vous entendez bien. Une fois que vous serez plus à l'aise avec le processus et ce qu'il vous fait ressentir, vous pourrez l'essayer sur quelqu'un qui vous embête ou avec qui vous recherchez un certain résultat.

MÉDITATION POUR ÉTABLIR UN FLOT ÉNERGÉTIQUE AVEC AUTRUI

1. Faites tomber vos barrières (imaginez votre carapace se dissoudre).

2. Imaginez une boule de lumière se former autour de vous en s'étendant d'un mètre dans toutes les directions. Est-elle sphérique ? Ou est-elle déformée ? A-t-elle des bosses ? Est-elle affaissée d'un côté ? (Ne jugez pas. Observez simplement.)
3. Élargissez votre boule de lumière et votre conscience d'un million de kilomètres dans toutes les directions. Imaginez-les se propager à l'infini.
4. Appelez l'esprit de la personne avec qui vous souhaitez jouer. Visualisez-la avec une boule de lumière autour d'elle.
5. À l'aide de grandes mains invisibles, attirez l'énergie de l'univers à travers le dos de la région du cœur (entre les omoplates) de la personne avec qui vous travaillez.
6. Cette énergie s'écoule à travers elle et ressort à l'avant de sa poitrine pour venir au centre de votre cœur.
7. L'énergie s'écoule ensuite vers l'arrière de votre cœur et une petite pointe retourne vers la personne. Elle regagne donc une petite part de votre énergie.
8. Vous pouvez choisir d'attirer une énergie particulière à travers elle, comme l'amour ou la gratitude. Il y a des années, je ne me sentais pas appréciée au travail et j'ai attiré une énergie de respect à travers mon patron, ce qui a changé notre relation.
9. Maintenant, inversez le flot. Attirez toute l'énergie de l'univers avec vos mains géantes et invisibles à travers l'arrière de la région de votre cœur, en direction de l'avant du cœur, pour ensuite lui faire traverser le cœur de la personne tandis qu'une petite pointe d'énergie vous revient.

10. Vous pouvez envoyer une énergie quelconque, ou choisir une fréquence particulière que vous aimeriez partager.
11. Il est possible que la personne ne puisse pas recevoir l'énergie que vous cherchez à lui transmettre. Si tel est le cas, essayez d'attirer et de recevoir l'énergie de l'univers à travers elle, et recommencez l'exercice. Vous pourriez également essayer de réduire le flot d'énergie en un petit filet, ou d'avoir l'intention que ce flot incarne la forme que la personne est prête à accepter et recevoir.
12. Jouez avec l'émission et la réception d'énergie jusqu'à ce que le flot s'écoule facilement dans les deux directions.

Ma co-auteure et moi avons un jour eu une réunion avec l'éditrice d'une très grosse maison d'édition. Même si j'adore mon statut de romancière indépendante, je me disais que son offre pourrait peut-être me séduire. Lorsqu'elle s'est connectée à notre appel sur Zoom, j'ai senti la carapace qui l'entourait. Elle savait déjà, ou croyait, qu'elle allait se faire rabrouer, et je suis certaine – en tant que personne à la grande compassion – qu'elle en avait horreur.

J'ai simplement attiré de l'énergie à travers elle durant l'intégralité de notre conversation. J'ai reçu et accepté son énergie ainsi que tout ce qu'elle avait à dire et, au fur et à mesure que la discussion avançait, elle s'est détendue de plus en plus. Une fois qu'elle a réalisé que nous étions reconnaissantes de pouvoir lui parler et que nous n'allions pas être blessées par ses propos, l'éditrice est devenue plus ouverte et nous a prodigué des conseils en nous proposant de la contacter ultérieurement pour un autre projet.

Malgré le fait que cette réunion ne se soit pas passée comme je l'espérais ou m'y attendais, j'ai eu l'impression que tout s'était déroulé à la perfection en raccrochant. Après lui avoir parlé, je me suis rendu compte que je n'avais *vraiment* pas envie de l'offre qu'une maison d'édition pouvait me faire – contrairement à ce que je croyais. Mais plus encore, cette interaction m'a élevée. Ce moment partagé et cette énergie qui nous a parcourues toutes les deux m'ont donné la bonne humeur. Nous venions de vivre ce micromoment de connexion humaine que le Dr Barbara Fredrickson décrit dans son livre *Love 2.0*.

Cette manœuvre énergétique ne m'a pas donné le résultat que j'espérais, mais elle m'a ouvert des portes vers de nouvelles possibilités. Bien que cette méthode puisse prendre des airs de manipulation, le but et l'intention demeurent de faire circuler l'énergie afin d'ouvrir les vannes de la création – non seulement pour moi, mais également pour l'autre personne.

LES ENVOYER VOLER EN MONTGOLFIÈRE

Il y a des années, nous avions une personne assez difficile à gérer au studio de danse. Elle souffrait de multiples traumatismes et vampirisait émotionnellement le studio tout entier. La femme aimante et emplie de compassion que je suis n'aurait jamais pu imaginer la faire souffrir en la virant ou en lui demandant de démissionner – pourtant, certains membres venaient s'adresser à moi, en tant que directrice, afin de demander pourquoi je leur faisais subir cette personne.

Je me suis allongée dans mon lit et j'ai demandé des conseils. J'ai entendu quelque part – peut-être dans une cassette d'Abraham-Hicks, je ne m'en souviens pas – que si l'on garde le silence et que l'on demande conseil, la réponse arrive en cinq minutes. Une vision m'est alors apparue à l'esprit : la douce danseuse blessée dans le panier d'une montgolfière. L'appareil montait dans les airs et s'éloignait tandis qu'elle me souriait en agitant la main pendant toute l'opération. Autrement dit, je l'envoyais vers une meilleure vie – dans la joie et la bonne humeur. Je faisais en sorte de l'élever plutôt que de la traîner plus bas que terre.

J'ai médité là-dessus et la danseuse m'a appelée un quart d'heure plus tard. Elle voulait se plaindre du traitement qu'elle pensait recevoir au studio. Je n'ai éprouvé aucune résistance durant la conversation – puisque je venais tout juste de terminer ma méditation. Je me trouvais dans un état d'expansion et d'amour pour elle tout en gardant l'intention d'agir pour le plus grand bien de tous. Après ses plaintes initiales, la danseuse m'a indiqué qu'elle pensait qu'il vaudrait mieux pour elle ne plus travailler avec nous. J'ai accepté sa démission avec grâce. Elle m'a semblé presque surprise par notre conversation et par ma réaction, comme si ce n'était pas ce à quoi elle s'était attendue en prenant son téléphone.

J'étais abasourdie par la rapidité avec laquelle j'avais été capable de résoudre le problème en travaillant avec l'énergie plutôt qu'avec ma frustration. En maintenant l'intention d'agir pour son plus grand bien – tout en l'éloignant de moi vers ce qui la rendrait heureuse –, j'ai été en mesure de nous libérer toutes les deux d'une relation qui ne fonctionnait pas.

Effectuer cette méditation ne signifie pas nécessairement que vous écarterez quelqu'un de votre vie, si ce n'est pas ce dont vous souhaitez. Mais cela peut aider la personne à s'éloigner de vous si elle recherche une forme de satisfaction dans votre énergie plutôt que dans la sienne.

MÉDITATION DE LA MONTGOLFIÈRE

1. Fermez les yeux, faites tomber vos barrières et élargissez-vous d'un million de kilomètres dans toutes les directions.
2. Appelez l'esprit de la personne que vous souhaitez libérer de votre champ énergétique. Il peut également s'agir d'un groupe.
3. Imaginez son départ joyeux. Vous vous tenez sur la terre ferme, prêt(e) à lui dire adieu. La personne monte ensuite dans le panier de la montgolfière. Vous pourriez même prendre une photo d'elle. Et tandis que la belle montgolfière s'élève vers le lever ou le coucher de soleil, la personne sourit et vous fait signe. Elle s'envole toujours plus haut, heureuse à l'idée d'embarquer dans une nouvelle aventure, loin de vous. Félicitez-la pour son choix de s'aligner avec ce qui est dans son plus grand intérêt.
4. Envoyez-lui vos remerciements pour le rôle qu'elle a joué dans votre vie, ou soyez simplement reconnaissant(e) qu'elle soit partie. Dans les deux cas, la gratitude est une énergie d'expansion.
5. Sachez que vous avez modifié l'énergie entre vous deux. Ce changement ne sera pas peut-être aussi rapide qu'il l'a été pour la danseuse et moi, mais il se manifestera. Ayez confiance en l'univers.
6. Remarquez ce qu'il y a de différent la prochaine fois que vous interagirez avec la personne.
7. Répétez la méditation quand le doute vous gagne, ou que cette personne vous frustre.

SE DÉBARRASSER DES CORDES ÉNERGÉTIQUES

Je trouve que la méditation de la montgolfière est très puissante, et je l'adore tout particulièrement, car elle imprègne l'autre personne de l'intention que vous avez pour elle de trouver le bonheur, de s'élever et de chercher le meilleur.

Une autre méditation assez commune pour se libérer d'enchevêtrements énergétiques est celle du retrait des cordes. Tout comme dans le cas des flots d'énergies avec lesquelles nous avons travaillé précédemment, nous sommes inconsciemment liés à autrui par des cordes énergétiques. Leurs cordes se connectent à nous, nous connectons nos cordes à eux, ou nous pouvons être interconnectés.

Ces cordes ne sont saines pour personne puisqu'elles aspirent notre énergie et nous empêchent d'effectuer notre travail de guérison. Mais ne vous inquiétez pas – détruire les cordes que vous partagez avec les gens que vous aimez ne va pas les faire disparaître de votre vie. Il n'est question que d'un moyen de *réinitialiser* l'énergie entre vous. Cette méthode permet aux deux personnes de vivre dans leur propre énergie plutôt que d'aspirer celle de l'autre – ou de se faire vampiriser.

Certains parlent de « couper » les cordes, mais je n'aime pas cette image ou cette intention, car j'ai le sentiment qu'il reste toujours un bout de corde attaché à l'autre personne. Je préfère visualiser le processus comme une prise que l'on débranche pour que le câble tout entier puisse être rendu.

Tout comme pour l'exercice sur le flot énergétique, je vous suggère de commencer avec une personne que vous aimez et avec qui vous entretenez une bonne relation. Une fois que vous aurez suffisamment pratiqué, vous pourrez vous attarder sur les personnes avec qui vous avez davantage de difficultés.

Après avoir détruit les cordes, je vous recommande de réaliser la méditation sur le flot énergétique afin de rétablir une communion énergétique saine à travers la région du cœur.

Méditation pour se débarrasser des cordes

1. Appelez votre Moi supérieur et visualisez-le comme une boule de lumière descendant du ciel pour vous entourer.
2. Visualisez la personne en face de vous. Appelez son Moi supérieur et imaginez sa lumière l'entourer.
3. Demandez que toute corde énergétique vous reliant soit défaite et rendue. J'aime imaginer les cordes comme des lignes de pêche. J'ôte l'hameçon de la personne et ramène ma ligne vers moi.
4. Connectez ce bout de la corde à vous-même afin de ne chercher de l'énergie qu'en vous-même, et non chez autrui.
5. Détachez toute autre corde reliée à vous et rendez-la à la personne. Connectez ensuite ses cordes à son cœur pour qu'elle puisse être responsable de sa propre énergie et plonger dans son champ énergétique.
6. Dites à voix haute ou dans votre tête : « Je reprends toute responsabilité que je t'ai confiée quant à ma vie. »

Remarquez si vous rencontrez la moindre résistance en prononçant ces mots, et observez si quelque chose vous revient.

7. Dites à voix haute ou dans votre tête : « Je te retourne toute responsabilité que j'ai prise quant à ta vie. » Observez l'énergie retourner vers la personne. Si vous constatez les domaines de sa vie dont vous avez pris la responsabilité, notez-les dans votre journal et affirmez que vous n'en êtes plus responsable.
8. Dites à voix haute ou dans votre tête : « Je te pardonne. Je libère toute rancœur. » Remarquez en quoi la deuxième phrase diffère de la première. Je trouve toujours qu'un peu plus se libère en ajoutant la deuxième.
9. Dites à voix haute ou dans votre tête : « Je suis libre, tout comme toi. »
10. Vous pourriez terminer avec la prière de guérison hawaiienne Ho'oponopono, une autre façon formidable de vous libérer d'enchevêtrements énergétiques. Dites ou pensez : « Je t'aime », « Je suis désolé(e) », « Pardonne-moi », « Merci » ou tout autre phrase qui vous fasse du bien.

JEUX LA MAISON

1. Continuez votre routine sacrée chaque soir.
2. Écoutez au moins un enregistrement subliminal par semaine.
3. Documentez, analysez, et soignez les parties de vous qui se manifestent dans vos rêves.
4. Jouez avec n'importe laquelle des méditations qui vous parlent dans cette section.

OUTIL N° 8

Purger la souffrance

CHAPITRE DIX-NEUF

CE À QUOI L'ON RÉSISTE PERSISTE

L'un des plus gros blocages empêchant la projection est ce sentiment que l'objet de notre désir nous résiste. Il se produit souvent sous la forme de l'impatience (*Pourquoi n'est-ce pas encore arrivé ?*), ou de l'incrédulité (*Je ne l'aurai jamais – c'est impossible pour quelqu'un comme moi !*).

Comme je l'ai dit précédemment dans le livre, Carl Jung pensait que ce à quoi nous résistons persiste.

Je crois qu'il est important de noter que si l'objet de votre désir n'est pas encore apparu, cela signifie peut-être que votre subconscient craint ce que vous essayez de créer, ou qu'une part de vous (à un niveau très sombre, très secret) apprécie votre situation actuelle – ce qui génère une résistance ou un évitement envers le changement souhaité. Peut-être que cette part de vous ne sent pas à l'aise face à l'idée de connaître le succès. Elle ne se pense pas capable d'être vue ou de vous voir ouvert(e) à la critique. Elle se sent en danger face au changement en général. Cette part de vous a été traumatisée par le passé et essayait encore de vous protéger aujourd'hui.

Par exemple, disons que vous n'avez pas beaucoup d'argent en ce moment. Vous pourriez alors me dire que je suis complètement folle de vous expliquer qu'une part de vous aime être pauvre. Mais, à un certain niveau – le plus souvent inconscient –, il est possible que vous résistiez à la richesse.

J'ai créé une longue liste – sans doute non exhaustive – des blocages les plus courants en matière d'abondance dans mon livre *Écrivez votre réussite*. Si vous vouliez creuser davantage le sujet, n'hésitez pas à vous le procurer.

Mais, sans trop nous prendre la tête, peut-être pensez-vous que les riches sont mauvais. Peut-être que vos parents critiquaient toujours les plus fortunés de la famille en les traitant de radins ou d'égoïstes. Ou peut-être vous focalisez-vous sur les mauvais côtés du capitalisme sur l'environnement et la société. Vous ne voulez pas vous identifier aux riches. Peut-être craignez-vous que la richesse fasse de vous une cible, ou que vous puissiez perdre des amis. Vous pourriez ressentir une sorte de sécurité dans la pauvreté. Si vous n'avez rien, vous n'avez donc rien à perdre – ni rien qu'on puisse vous voler. Ainsi, même si vous n'appréciez pas vos problèmes d'argent, votre cerveau vous protège en vous empêchant de devenir comme tous ces horribles riches, ou de vous faire cambrioler, ou de quoi que ce soit qui vous effraie.

Sachez néanmoins que le simple fait de prendre conscience de cette peur ou de cette résistance – et donc de l'amener à votre esprit conscient – démarrera automatiquement le processus d'intégration. Ce chapitre vous proposera d'autres options pour purger les traumatismes ou la souffrance qui vous sépare de l'objet de votre désir.

GUÉRIR LES TRAUMATISMES DU SYSTÈME NERVEUX

Récemment, sur mon fil Instagram, je suis tombée sur une influenceuse disant que les méthodes de projection conventionnelles sont inutiles et que le seul moyen de visualiser est de guérir son système nerveux de ses traumatismes. Même si je pense que les méthodes conventionnelles peuvent tout à fait fonctionner pour la projection, il est vrai que davantage d'intégration octroie une plus grande fiabilité en termes de résultats. Il est également vrai que le système nerveux s'accroche aux traumatismes. Les souvenirs douloureux sont stockés dans nos cellules et notre système nerveux dans le cadre d'un mécanisme de survie.

La science a également démontré que les traumatismes peuvent être héréditaires.

Le *Washington Post* a rapporté une expérience dans laquelle les neuroscientifiques d'Emory University ont appris à des souris mâles à craindre l'odeur de fleur de cerisier en l'associant à de légères décharges électriques.[1] Deux semaines plus tard, ces mâles se sont accouplés avec des femelles. La génération de souris qui a suivi a présenté des signes d'anxiété et de peur lorsqu'exposée à l'odeur. La transmission de ce souvenir traumatique s'est réalisée sur une autre génération lorsque de nouveaux accouplements ont été réalisés. Des souris n'ayant jamais reçu la moindre décharge craignaient l'odeur de fleur de cerisier. Les chercheurs ont découvert des marqueurs génétiques utilisés pour transmettre une expérience traumatique à travers les générations

---

1. https://www.washingtonpost.com/national/health-science/study-finds-that-fear-can-travel-quickly-through-generations-of-mice-dna/2013/12/07/94dc97f2-5e8e-11e3-bc56-c6ca94801fac_story.html

– marqueurs qui laissent des traces dans le comportement et l'anatomie des futurs rejetons.

Il est donc possible que votre relation à l'abondance soit *polluée* par un traumatisme hérité de vos ancêtres. Peut-être que ces derniers étaient des esclaves. Peut-être qu'ils sont morts en prison à cause d'une dette. Ou peut-être qu'ils étaient de la noblesse et que leur richesse les a conduits au billot.

Libérer votre mémoire cellulaire et votre système nerveux de traumatismes hérités, voire provenant de vies antérieures, vous permettra de créer plus facilement dans cette vie. Vous rendrez également service à vos descendants, puisque tout ce que vous purifiez de votre corps énergétique n'affectera plus les générations suivantes.

RÉSISTER, C'EST ÉVITER LA SOUFFRANCE

Comme je l'ai dit, la plupart des choses auxquelles nous résistons ont un rapport avec notre désir inné de nous protéger de la souffrance. Peut-être avez-vous des blessures liées à l'argent – des souvenirs d'époques où vous ne pouviez pas payer les factures, ou étiez complètement noyé(e) sous les dettes –, et vous évitez aujourd'hui complètement le sujet. Ou peut-être que vous ne vous sentiez pas aimé(e) durant votre enfance, et que vous protégez désormais votre cœur meurtri dans vos relations.

- Vous trouvez-vous souvent en train d'éviter de trop penser à l'argent ou aux factures, car cela vous ramène à de vieux sentiments de honte ou de souffrance ?
- Évitez-vous le projet (lancer des cours en ligne, terminer votre livre, faire la publicité de vos services) qui pourrait réellement générer une

tonne d'argent parce que votre subconscient vous protège d'un échec potentiel ?
- Avez-vous des traumatismes (mineurs ou majeurs) en relation avec l'échec, la pauvreté, ou le manque d'amour ?

En tant que fervente croyante en la loi de l'attraction, je suis devenue très douée à éviter tout ce qui pouvait me faire me sentir mal, entre la vingtaine et la trentaine. Mon mariage rencontrait des problèmes ? *N'y pense pas, Renee. Les ruminer ne ferait qu'empirer les choses.* Je n'aimais pas la façon dont je me sentais au quotidien ? *Distrais-toi jusqu'à ce que ça aille mieux.*

Bien qu'il y ait une part de vérité dans cette stratégie – s'apitoyer sur son sort n'apporte rien de bon –, éviter la réalité ne fait que diminuer notre pouvoir et notre puissance créatrice. Plus je m'autorise à ressentir toutes les sensations – de la souffrance jusqu'au plaisir –, plus je semble avoir d'énergie. Je dispose de davantage de moi-même, car je ne rejette pas les parts de moi qui ne sont pas toutes belles et toutes mignonnes.

REMPLACER L'ÉVITEMENT PAR L'APPROBATION

Je travaillais avec une coach qui se sentait à la traîne, sans le moindre espoir de s'en sortir – une sensation à laquelle tous les créateurs peuvent s'identifier, j'en suis sûre. Dans son esprit, elle se voyait sans cesse noyée sous une marée de paperasse qui la maintenait à son bureau.

Plutôt que d'éviter ce sentiment, ou d'essayer de le faire disparaître, nous avons joué avec l'idée de l'attirer sans la moindre résistance. Nous avons fait le choix de l'approuver, lui et toutes les autres sensations qui l'accompagnaient. Nous l'avons accepté, non pas par concession, mais avec une approbation totale – une technique que j'ai apprise dans mon coaching Existential Kink.

Alors que la coach acceptait la marée de paperasse qui déferlait sur elle avec une approbation totale, la vision s'est immédiatement transformée. Elle a ensuite vu la paperasse s'amasser derrière elle comme une vague pour la soulever. La pression qu'elle ressentait auparavant s'est transformée en un sentiment de pouvoir. Quelques moments plus tard, elle a reçu un message de la part de quelqu'un qui demandait ses services ! Je ne considère jamais ce genre de synchronicités comme de simples coïncidences. Je pense que les résultats de tout le travail énergétique que nous effectuons sont immédiats et puissants.

Une autre personne avec qui je travaillais récemment était en pleine détresse émotionnelle, car elle avait dû retourner vivre chez ses parents après avoir démissionné d'un travail sans vouloir retravailler un jour dans le domaine en question. Elle se sentait coupable de jeter à la poubelle des années d'études et tant d'argent pour en arriver là. Elle craignait également que ses parents la jugent. Quand elle exprimait son incapacité à trouver une nouvelle direction dans laquelle aller, ou quoi faire de sa vie, il y avait une sorte de blocage, ou de boucle énergétique.

Je lui ai donc demandé : « Est-ce que vous seriez prête à devenir un raté complet ? »

Elle a ri.

Je lui ai suggéré d'arborer une approbation totale dans ce choix d'abandonner son domaine d'étude. Je lui ai dit : « Et si vous mettiez tout ça dans une poubelle, pour ensuite y mettre le feu et la regarder brûler ? »

Elle a ri à nouveau en disant que ça lui avait déjà remonté quelque peu le moral.

. . .

Bien souvent, ce que nous ne sommes pas prêts à incarner nous retient. Dans ce cas précis, la personne n'était pas prête à devenir le « raté » qui n'a pas suivi la carrière pour laquelle elle a fait des études. La majeure part de son énergie était déviée vers la résistance face à cet échec, qui l'empêchait de voir les prochaines marches à gravir dans son évolution. Elle était bloquée dans une boucle de culpabilité et de honte face à sa décision de ne plus travailler dans un domaine qui ne lui plaisait pas. Tant que son énergie était aspirée par ce qu'elle refusait d'incarner, elle n'avait plus accès à son être afin de s'engager sur le chemin de son avenir.

Vous devez avoir accès à toutes les énergies disponibles sur la planète, donc si vous refusez d'en incarner une en particulier (par exemple, l'échec), cela crée de la résistance dans votre champ. Une part vitale de vous-même se fait aspirer dans la direction de ce refus.

INCLURE LE CORPS

Plus vous incluez votre corps physique dans ce procédé d'approbation, plus votre système nerveux se recâblera vers le plaisir et l'abondance, plutôt que vers la peur et l'évitement de la douleur.

Observez ce qui se produit dans votre corps lorsque vous pensez à votre situation actuelle ou à propos de ce à quoi vous résistez, et il vous montrera l'état de votre subconscient concernant le problème. Ensuite, continuez à remarquer ce qui se produit dans votre corps tandis que vous lui apportez ce sentiment d'approbation totale.

Ce processus pourrait également être utilisé face à un problème à l'apparence strictement physique.

Récemment, je suis partie en croisière d'été. J'ai toujours eu tendance à avoir le mal de mer et craignais donc de tomber malade durant mes premières croisières – mais ça ne s'est pas produit. Mais cette fois-ci, les courants étaient forts, comme ils le sont habituellement en été aux Caraïbes. Durant ma première nuit à bord, je me suis réveillée à deux heures du matin avec le mal de mer. Je me suis levée pour me rendre aux toilettes et, ce faisant, j'ai décidé de tenter de donner une approbation totale à cette sensation. J'ai choisi de l'accepter à bras ouverts plutôt que d'y résister, comme je le fais généralement.

J'ai été choquée par la rapidité avec laquelle mon mal de mer s'est transformé. Plutôt que me sentir malade et ballottée par les vagues, j'ai soudain éprouvé la sensation de me faire doucement bercer par le bateau. En réalité, mes nausées étaient dues au fait que je résistais aux mouvements du bateau. Une fois que je les ai acceptés avec une totale approbation, ils ont pu m'apporter du plaisir et de la satisfaction. Même si les vagues n'ont cessé de faire remuer le bateau durant le restant de la croisière, elles ne m'ont plus jamais donné la nausée.

AUTRES MÉTHODES POUR LIBÉRER LE SYSTÈME NERVEUX DE TRAUMATISMES ÉMOTIONNELS OU PHYSIQUES.

Si le processus d'approbation n'a pas résonné avec vous, il existe d'autres moyens de libérer votre système nerveux de ses traumatismes.

Le *Tapping*, **ou la technique de libération émotionnelle,** est une méthode merveilleuse et facile de rééquilibrer le système nerveux face à n'importe quel problème. Elle consiste à tapoter tous les méridiens énergétiques du corps en pensant à un problème qui pourrait contenir une charge émotionnelle. Si vous n'avez pas connaissance des points à tapoter, vous trouverez d'innombrables vidéos sur YouTube pour vous guider. Il en existe de nombreuses dédiées à l'abondance. Brad Yates est l'un de mes favoris, dans ce domaine. La gentillesse de son énergie me rappelle Fred Rogers.

D'autres exercices énergétiques, qui eux aussi utilisent l'harmonisation de polarités, peuvent être utiles. Ma demi-sœur pratique la technique dite **B.E.S.T** (Technique de Synchronisation Bioénergétique), qui tire profit de contractions musculaires associées à un nombre incroyable de questions afin d'aborder un problème comportant une charge émotionnelle et de libérer cette dernière. **BodyTalk** est une technique similaire. J'ai obtenu un soulagement et une guérison remarquables avec les deux.

D'après mon expérience, tous les travaux énergétiques comprenant le **Reiki**, la **Tesla Metamorphosis®** et le **Reconnective Healing®** sont efficaces dans l'élimination ou l'harmonisation de traumatismes stockés dans le corps.

Exercices de yoga **et pratiques somatiques pour se libérer de traumatismes**

Des vidéos montrant des étirements de yoga dans l'optique de se libérer de traumatismes peuvent être facilement trouvées sur YouTube. Ils contiennent principalement des postures d'ouverture de la hanche, comme celle du pigeon, du lézard, ou celle de la bûche de feu.

Je suis également une grande fan des pratiques somatiques comme la méthode **Feldenkrais®** ou Nia, des travaux respiratoires comme HeartMath®, ou des formes de danses extatiques comme **5Rythms.**

Je crois sincèrement que le moindre des mouvements aide le corps à traiter ce qui l'afflige. Durant ma formation à la méthode Feldenkrais®, nous étions parfois témoins d'élèves qui craquaient et se libéraient de traumatismes qui avaient été stockés dans la partie du corps sur laquelle nous travaillions.

J'y voyais une certaine beauté et aurais volontiers accueilli une libération dans mon propre corps, mais cela ne s'est jamais produit durant mes quatre ans de formation. Je crois que ma condition de danseuse me permet de bouger beaucoup et d'évacuer mes émotions par le mouvement de façon hebdomadaire.

J'ai tout de même craqué une fois, pendant un exercice autour du crâne, lié au chakra sacré situé entre le nombril et le pubis. J'avais fait une fausse couche quelques semaines plus tôt. La formatrice travaillait sur moi tout en expliquant ses gestes, puis m'a demandé de me redresser pour expliquer comment je me sentais à la classe. Je me suis donc redressée et j'ai fondu en larmes.

La formatrice m'a tendu une boîte de mouchoirs et a pointé mon ventre du doigt. J'avais l'impression qu'elle y tirait des étincelles. Elle m'a ensuite dit de demander à mes guides de venir et d'emporter toutes les ténèbres de mon ventre. À l'époque, je n'avais pas encore été diagnostiquée avec une sévère allergie au gluten, et j'avais effectivement le sentiment que mon ventre était empli de ténèbres. J'ai observé les nuages noirs s'écarter jusqu'à disparaître. Puis j'ai demandé dans ma tête : « Est-ce que vous avez tout pris ? », et comme si la formatrice m'avait entendu, elle a répété mes mots à voix haute.

C'était une expérience profondément curative qui m'a aidée à accepter mon corps et la situation dans laquelle il était plutôt que de rester dans un état de résistance, de chagrin, et de deuil.

SE LIBÉRER DE L'ÉNERGIE PROJETÉE PAR AUTRUI

Le corps s'accroche parfois au jugement d'autrui et a besoin de s'en libérer.

Lors du premier rencard que j'ai eu après mon divorce – quelques années après, donc –, j'étais très nerveuse. J'ai bu deux verres et je me suis absolument montrée trop bavarde. L'homme que je rencontrais était un cycliste passionné qui avait pour habitude de fréquenter des femmes partageant son amour du vélo. Il m'a posé des questions du style : « Tu ne pratiques aucun sport ? »

Malgré le stress, j'ai cru que le rencard s'était bien déroulé. Mais le lendemain, alors que je me rendais à mon cours de Pilates en voiture, **j'ai éclaté en sanglots sans la moindre explication.**

Je savais que c'était à cause du rencard, mais je ne savais pas pourquoi. Cela faisait trois ans – peut-être quatre – que j'étais divorcée, et je n'avais pas le sentiment que mes larmes avaient à voir avec le fait de tourner la page. En fait, je ne parvenais pas à mettre le doigt sur ce qui me faisait pleurer.

Puisqu'il s'agissait de mon premier rencard, je n'étais pas trop obsédée à l'idée de savoir si cet homme était le bon ou non. J'avais déjà d'autres rencards de prévus et ne plaçais donc pas d'immenses espoirs dans le premier.

Le lendemain, alors que je racontais ma soirée avec cet homme à une amie, j'ai affiché son profil sur l'appli de rencontre afin de lui montrer sa photo et j'ai réalisé que notre match n'existait plus. Il m'avait supprimée après notre rencard ! J'étais surprise, oui, mais pas blessée. Je venais tout juste de commencer mon aventure sur les applis de rencontre et étais demandée par de nombreux autres hommes. Je n'ai pas considéré cela comme un rejet. Je me suis contentée de rire et c'est à ce moment que **j'ai compris que mes larmes de la veille avaient été le moyen pour mon**

corps de se libérer de *son* jugement. Même s'il ne m'a pas blessée, émotionnellement ou cognitivement, mon corps a été frappé par ce jugement et devait s'en débarrasser.

Le corps dispose de sa propre sagesse : il sait comment relâcher l'intensité de ce qu'il a emmagasiné. Certains rient devant la tension ou l'embarras – à un enterrement, par exemple, ou au chevet d'un proche à l'hôpital. Il s'agit du moyen que leurs corps trouvent pour relâcher cette énergie. Certains soufflent comme s'ils faisaient des bulles, expirent bruyamment, lèvent les mains en l'air, soupirent ou bâillent lorsqu'ils ont besoin de relâcher une énergie intense – qu'ils l'aient reçue d'autrui ou de leur environnement, ou qu'ils l'aient accumulée intérieurement.

Le corps est constamment le réceptacle du jugement qu'autrui appose sur nous. Gardez cela en tête si vous projetez un jugement sur le corps de votre partenaire ou de votre enfant. Même si vous gardez vos critiques pour vous et ne lui dites jamais que vous pensez qu'il devrait perdre du poids ou que vous n'aimez pas sa coupe de cheveux, son corps reçoit votre jugement à un niveau énergétique.

Je ne vous partage pas cette histoire dans l'optique de vous effrayer et de vous pousser à vous protéger constamment du jugement des autres, car je ne pense pas que cela soit nécessaire. Dans le cas de cet homme, je me suis ouverte en voulant être appréciée ou bien reçue. Je me suis comportée comme si je n'étais pas assez bien pour lui. Je n'incarnais pas la version la plus puissante de moi-même. Je m'étais symboliquement brisé les jambes, et cela a permis à son énergie de m'affecter.

Rappelez-vous, dès que vous vous sentez affecté(e) par l'énergie de quelqu'un, la solution n'est pas de vous tendre ou d'ériger une barrière protectrice autour de vous. Il vous faut plutôt faire tomber cette barrière et entrer en expansion sur des millions de kilomètres afin de vous connecter à tout ce qui est. Ainsi, l'énergie que l'on projette sur vous ne fera que vous nourrir.

Si vous ne souhaitez pas la recevoir avec une approbation totale, se libérer de l'énergie projetée par autrui est aussi facile que de dire : « Retour à l'envoyeur avec la conscience en pièce jointe. » La deuxième partie – *conscience en pièce jointe* – aidera la personne à évoluer et à remarquer là où elle projette son énergie sur les autres.

Machaelle Small Wright, auteure du livre *Vivre conscient du divin en toute chose*, est une jardinière qui a fait pousser treize kilos de choux en communiquant et en étant en harmonie avec la nature. Il y a dans son livre un formidable processus de libération énergétique pour votre corps ou votre environnement. Je veux le partager ici, mais elle préfère que vous le lisiez dans son entièreté – exactement comme elle l'enseigne –, et offre une copie numérique sur son site web. Je vous donne le lien dans la section *Ressources* à la fin du livre.

SE LIBÉRER DE TRAUMATISMES À UN NIVEAU CELLULAIRE

Vos cellules pourraient également s'accrocher à des traumatismes de votre passé ou de vos ancêtres.

Voici un processus simple pour libérer vos cellules de ces traumatismes :

1. Fermez les yeux, faites tomber vos barrières, et élargissez votre énergie d'un million de kilomètres dans toutes les directions.
2. Imaginez la lumière blanche et brillante du soleil spirituel descendre des cieux pour entourer votre tête, puis continuer son chemin à travers votre

corps tout entier, et enfin s'enfoncer dans le cœur de la Terre.
3. Imaginez une lumière verte et brillante représentant l'énergie de la nature, Gaia, ou la Terre, s'élever de la plante de vos pieds, jusqu'à vos jambes ; elle enveloppe vos genoux, vos hanches, votre ventre, votre cœur, votre gorge, et enfin votre tête, avant de voyager jusqu'au soleil spirituel.
4. Demandez à la mémoire cellulaire de toute souffrance ou de tout traumatisme (ou d'un traumatisme en particulier) de se dissiper et d'être libéré à travers tous les niveaux, toutes les couches, époques, et dimensions.
5. Imaginez que cette énergie vous quitte tel un nuage de fumée ou tel un brouillard.
6. Regardez-la se dissiper et retourner à la Terre, à l'éther, afin d'être absorbée par tout ce qui est.
7. Observez si une odeur est associée à votre nouvel être purifié.
8. Y a-t-il un animal sauvage ou une créature mythologique que vous associez à votre nouvel être purifié ? Choisissez-en un maintenant.
9. Sachez que vous avez fait de la place pour de nouvelles possibilités dans votre corps énergétique. Se rappeler votre animal et votre odeur chaque fois que le traumatisme refait surface procurera un point d'ancrage à votre subconscient lui permettant de revenir à cet état illuminé et l'aidera à devenir permanent.

TRAVAILLER À UN NIVEAU PSYCHOLOGIQUE

Il est également utile de travailler avec nos traumatismes à un niveau psychologique.

Dans le livre *Pourquoi nous sommes essentiellement bons : Guérir les traumatismes et restaurer le Self-leadership avec la thérapie IFS*, le Dr Richard C. Schwartz traite des parts blessées et protectrices de nous-mêmes qui se créent à la suite de traumatismes vécus dans notre vie, qu'ils soient grands ou petits. Cela ressemble à un trouble dissociatif de l'identité, mais seulement à un niveau microscopique.

Le processus pour travailler avec ces parts est le même que celui employé pour les parts blessées de nos rêves, et notre enfant intérieur, qui est décrit dans la section *Travailler avec une part fracturée de vous-même* du chapitre neuf.

J'espère que vous commencez à y être habitué(e).

Travailler avec ces parts constitue un moyen de reprogrammer le cerveau afin qu'il abandonne ses comportements en réponse aux traumatismes et qu'il devienne plus sain, intégré, et complet. Plutôt que d'enfouir les parts de nous-mêmes qui sont perturbées, nous travaillons avec elles afin de leur montrer que nous n'avons plus cinq, douze ans, ou l'âge que nous avions lorsque l'événement traumatisant s'est produit. Nous écoutons ces parts fracturées de notre être, leur accordons un amour total, et les mettons à jour. Nous pouvons leur demander de se retirer et de nous laisser reprendre le contrôle. Nous les guérissons.

Nous pouvons reprogrammer notre subconscient en utilisant des images, des couleurs, des odeurs, et des symboles, afin que cette nouvelle version de nous-mêmes, puissante et assurée, devienne notre magnifique normalité.

Encore une fois, il n'est pas ici question de remplacer l'intervention d'un professionnel de santé. Je vous recommande de trouver un thérapeute employant la thérapie de résolution accélérée ou l'IFS afin que ce dernier vous apporte le soutien dont vous avez besoin.

Nous abordons cette guérison des parts fracturées de notre être dans un espace sacré. Tout comme il n'existe aucune information en provenance du Moi supérieur, ou d'un guide, qui puisse vous faire du mal, cet espace est un abri énergétique où vous pouvez observer, découvrir, et soigner vos traumatismes.

GUÉRISON DE LA MALTRAITANCE (POTENTIELLEMENT CHOQUANT)

Quand je travaillais avec une part de moi-même dont je ne connaissais même pas l'existence, Simone – ma meilleure amie, et puissante guérisseuse quantique – m'a demandé où je la ressentais dans mon corps. J'ai répondu la première chose qui m'est venue à l'esprit : dans mon vagin. Nous avons donc remercié cette part de moi de s'être manifestée et lui avons demandé ce qu'elle avait à me dire. Une vision m'est ensuite apparue, décrivant une femme adulte dégingandée naissant de mon vagin, encore couverte de liquide amniotique.

Lorsque je lui ai demandé ce qu'elle avait à me dire, elle m'a confié sans émotion aucune que j'avais été molestée à plusieurs reprises durant ma petite enfance. Puisque je n'en ai pas le moindre souvenir, je dois croire que cela s'est produit avant mes quatre ou cinq ans.

J'ai reçu cette information sans émotion ni perturbation. En moi ne se trouvait aucune tristesse ou contrariété. En réalité, je n'éprouvais qu'un sentiment de libération et de légèreté.

Je dois dire que j'ai depuis longtemps soupçonné la fait d'avoir subi un genre d'agression sexuelle durant mon enfance, puisque bon nombre de mes fantasmes et attirances pourraient découler de ce genre d'expériences infantiles. Pour cette raison, la révélation ne m'a pas choquée du tout. Il ne faut pas non plus oublier que j'étais guidée par une guérisseuse quantique qui me maintenait dans un état d'éveil spirituel me permettant de recevoir l'information.

J'ai donc remercié cette part de moi-même de s'être ouverte à moi, et lui ai demandé ce dont elle avait besoin. Ce à quoi elle a répondu rien. Elle s'était simplement accrochée à ces souvenirs pour moi et était si heureuse d'avoir été libérée de là où elle se trouvait dans mon corps.

Elle s'en est allée, et j'ai ressenti une joie profonde ainsi qu'une impression de plénitude qui m'ont emplie d'une assurance renouvelée. Je ne m'étais jamais sentie aussi complète.

Ce travail est incroyablement puissant. Il faut du courage pour entrer dans ce qui pourrait être des moments très douloureux de votre vie. Quand vous le ferez – et serez en mesure de conserver une approbation radicale pour vous-même et tout ce que vous avez traversé –, vous vous sentirez mieux dans votre peau que jamais auparavant.

JEUX À LA MAISON

1. Continuez votre routine sacrée chaque soir.
2. Écoutez un enregistrement subliminal au moins une nuit par semaine.
3. Documentez, analysez et guérissez toute part de vous-même se manifestant dans vos rêves.
4. Essayez des exercices somatiques autour du corps et de l'esprit cette semaine, comme l'EFT, le yoga, la méthode Feldenkrais®, le travail énergétique, la guérison par le son ou les diapasons.

5. Pratiquez la méditation pour se libérer de traumatismes à un niveau cellulaire présente dans cette section.
6. Complétez l'exercice d'écriture libre et la méditation suivant qui suivent afin de guérir une part de résistance.

Écriture libre pour découvrir une part de résistance.
Prenez votre journal et écrivez librement les réponses aux questions suivantes :

- Quelle part de moi-même résiste à [ce que j'essaie de projeter] ?
- Que craint cette part de moi-même ?
- Quel âge a-t-elle ?
- Dans quels autres domaines de ma vie est-ce que je me sens ainsi ?
- À quand remonte la première fois où je me suis senti(e) ainsi ? Que s'est-il passé à l'époque ?
- Avec le savoir gagné grâce à votre journal, essayez une méditation où vous vous adresserez à cette part de votre être afin de l'aider à guérir. Si vous préférez le faire avec l'aide d'un thérapeute, n'hésitez pas.

Si vous vous sentez à l'aise, essayez la méditation suivante pour rencontrer une part traumatisée ou meurtrie de vous-même. Je vous recommande vivement d'effectuer ce travail avec un professionnel de santé si vous avez besoin d'aide.

TRAVAILLER AVEC UNE PART DE VOUS-MÊME (VARIATION)

1. Asseyez-vous ou allongez-vous les yeux fermés et imaginez-vous debout en haut d'une belle montagne de cristal. Demandez s'il existe une part de votre être ayant vécu un traumatisme qui voudrait communiquer avec vous.
2. Où sentez-vous que cette part réside dans votre corps ? Par exemple, avez-vous la poitrine serrée lorsque vous pensez à elle ?
3. Invitez-la à vous retrouver en haut de la montagne.
4. Faites-lui face avec une approbation et une compassion totale. Cette part de vous n'est pas un adversaire à abattre ou auquel résister. Elle se montre pour vous aider, vous partager un savoir, et vous permettre de l'intégrer.
5. Demandez ce qu'elle souhaite vous dire à propos de ce qu'elle a vécu.
6. Demandez quel est le cadeau qu'elle veut vous offrir. Essaie-t-elle de vous protéger, d'une certaine façon ? Ou de vous garder en état d'alerte face au danger ?
7. Écoutez la réponse avec une approbation totale. Pas de jugement, mais seulement une compassion massive.
8. Remerciez-la pour ce cadeau.
9. Si ce cadeau n'est pas désiré, dites-lui que vous n'avez plus besoin de cette protection aujourd'hui. Dites-lui que vous appréciez son aide, mais que vous pouvez vous débrouiller seul(e).
10. Demandez-lui si elle pourrait trouver un nouveau

moyen de se tenir à vos côtés, ou de vous soutenir de loin.
11. Remerciez-la à nouveau d'être venue dans la lumière afin de partager ce qui était enfoui en vous. Permettez à cette scène de se dissoudre et revenez au présent.
12. Observez si le ressenti que vous aviez au départ dans votre corps a changé.

OUTIL N° 9

Abandonner la culpabilité

CHAPITRE VINGT

*L*a honte et la culpabilité sont des outils utilisés par la société afin de s'assurer que nous rentrons dans le moule.

Je me trouvais récemment à l'aéroport et j'ai entendu une mère dire à son fils derrière moi : « Tout le monde regarde ton petit spectacle. » Je me rappelle m'être servie de cette tactique quand mes enfants étaient encore petits. Je l'avais découverte dans un livre sur l'éducation, ou un article, et je l'ai trouvée extrêmement efficace.

Lorsque l'on souhaite que son enfant se tienne tranquille au lieu de se lever sur son siège dans un restaurant bondé, on dit : « Regarde autour de toi. Tout le monde est assis bien sagement. » C'est alors qu'un désir inné de se conformer au groupe se manifeste. Mon fils ou ma fille finissait toujours par jeter un œil aux alentours avant de se rasseoir d'un air gêné. J'ai trouvé que cette méthode était bien plus puissante que de leur dire que je voulais qu'ils s'asseyent, ou de jouer avec un système de punition-récompense.

Je ne suis pas en train de dire qu'il y a une bonne ou une mauvaise façon d'éduquer son enfant. Je pense certainement que notre travail de parents est de donner à nos enfants les outils dont ils ont besoin pour vivre et s'épanouir dans notre société, ce qui comprend le savoir des comportements à avoir en public.

Tout comme dans l'art, il faut connaître les règles avant de les enfreindre. Il faut d'abord apprendre les bases du ballet avant de se lancer dans des mouvements très techniques qui pourraient nous briser les doigts de pieds.

Néanmoins, il est assez choquant de voir à quel point nous sommes programmés pour nous conformer. Pas étonnant que les thèmes récurrents de mes rêves soient toujours liés à mon sentiment de ne pas être à ma place, et au jugement d'autrui face à mon incompétence.

Je suis certaine que se fondre dans la masse et rentrer dans le moule était d'une importance capitale à l'époque où notre espèce vivait en petites tribus. S'assurer que tout le monde se comportait de la bonne façon était une question de vie ou de mort. C'est d'ailleurs probablement ce qui rend notre civilisation plus ou moins *civilisée*, encore aujourd'hui. Mais ce désir de conformité apporte l'impuissance.

La honte et la culpabilité sont utilisées pour nous ralentir et nous empêcher d'agir. Elles nous maintiennent dans le rang. Pour les adultes sachant se tenir en société, ces deux outils constituent de puissantes distractions à ce que nous souhaitons créer.

Impossible de compter le nombre d'auteurs que j'ai coachés sur qui la honte planait comme une ombre invisible pour les priver de leur réussite. Leurs inconscients craignaient que leurs réussites blessent autrui. Ils ne veulent pas rabaisser les autres ni les laisser de côté. Ce sont des gens emplis de gentillesse et de compassion, et ils ont adopté la croyance erronée selon laquelle leur succès va atténuer ceux d'autrui. Ou que leur succès sera acquis au détriment de celui de quelqu'un d'autre. Comme si l'abondance et le succès étaient des ressources finies qu'ils accapareraient.

La honte et la culpabilité les alourdissent et créent des frictions énergétiques lorsqu'ils tentent d'avancer en direction de leurs désirs.

Imaginez-vous derrière le volant pour aller au travail, mais en ayant honte de ne pas conduire assez bien. Votre conduite en serait sérieusement affectée. Vous seriez hésitant(e), douteriez de vous en permanence, et n'agiriez pas lorsque nécessaire. Vous êtes-vous déjà retrouvé(e) à une intersection où personne ne s'engage et tout le monde hésite, car il serait bien malvenu de ne pas être poli ou de ne pas respecter la priorité ?

Voilà qui n'est pas efficace du tout !

Le problème est exactement le même avec l'abondance ou le succès. Si tels sont vos objectifs, mais que vous êtes alourdi(e) par la honte ou la culpabilité à l'idée de sortir du lot, de réussir, ou de faire mieux que les autres, cela inhibe votre pouvoir créatif. Cela vous empêche d'agir lorsque nécessaire, d'être agile, de faire confiance à votre instinct, ou de savoir quelles sont les bonnes décisions à prendre pour vous ou votre entreprise.

Je me suis longtemps sentie coupable à propos de mon mariage. Je me demandais si j'aurais pu agir différemment. Je me sentais coupable d'être devenue riche après, ou sans, lui. J'avais l'impression de l'avoir abandonné sur le bas-côté de la route. Cette culpabilité nous a en réalité affecté tous les deux et nous a ralentis. Elle a agi tel un poids nous empêchant de tourner la page.

Quand je l'ai compris, je me suis libérée de cette culpabilité et j'ai célébré l'union que nous avons formée, ce que nous avons accompli en tant que couple, les entreprises que nous avons montées ensemble, sans oublier les enfants que nous avons fabriqués et éduqués. Autrement dit, j'ai célébré les réussites de notre mariage au lieu de me focaliser sur les échecs – ce qui a permis à nos énergies de se libérer de leurs chaînes.

Le Dr Brené Brown, enseignant-chercheur ayant étudié la honte à l'University of Huston, écrit : « Je définis la honte comme le sentiment ou l'expérience d'une souffrance intense face à la croyance selon laquelle nous sommes imparfaits et, par conséquent, ne méritons pas l'amour et la reconnaissance – ce que nous avons vécu, fait ou échoué à faire nous enlève le mérite de connaître la moindre connexion humaine significative. » Elle ajoute : « Je ne crois pas que la honte soit utile ou productive. En fait, je pense que la honte est plus probablement la source de comportements blessants que la solution ou le remède à appliquer. Je pense que la peur d'être déconnecté du groupe peut nous rendre dangereux. »[1]

OÙ EST-CE QUE LA HONTE OU LA CULPABILITÉ VOUS BLOQUENT ?

Arrêtez-vous un instant et réfléchissez à ce qui vous fait ressentir de la honte ou de la culpabilité dans votre vie. En premier lieu, vous pourriez ne pas le reconnaître. Cela pourrait être si intimement lié à l'image que vous avez de vous-même que vous ne ressentez que la peur ou le sentiment généralisé de ne pas être *comme il faut*. Cela revient à craindre de fauter et d'être jugé par autrui. Vous craignez peut-être de ne pas être assez *bien*.

Ne réfléchissez plus, et répondez simplement ce qui vous vient à l'esprit.

- Quels sont les domaines de votre vie où la honte revient le plus ?

---

1. https://brenebrown.com/articles/2013/01/15/shame-v-guilt/

- Est-ce dans vos relations familiales ?
- En faites-vous trop avec les gens dans le but d'être assez bien, ou parfait(e) à leurs yeux ?
- Vous sentez-vous autorisé(e) à être heureux(se), ou à réussir en leur présence ?
- Quand utilisez-vous la honte pour diminuer votre lumière – la meilleure version de vous-même –, afin de ne pas faire de l'ombre à autrui, ou simplement pour vous aligner avec leur énergie ?

VIVEZ-VOUS ET AGISSEZ-VOUS SEULEMENT POUR AUTRUI ?

À mesure que j'ai commencé à me démêler d'une vie entière passée à tout faire pour servir les autres, je me suis rendu compte que je ne savais même pas ce que *je* voulais dans la vie. Mon patio n'était qu'un endroit où inviter autrui pour se délecter d'un verre de vin, mais je ne savais pas comment faire pour m'y amuser toute seule.

Tout ce que je faisais avait un rapport avec les autres. L'image que je me faisais de moi-même avait été construite autour de ce que les gens pensaient de moi – ou de ce que j'avais l'impression qu'ils pensaient. Je m'efforçais sans relâche d'éviter le jugement et d'être une gentille fille. Je disais oui à tout et travaillais très dur pour que mon entourage soit constamment satisfait.

J'ai trouvé que la solution énergétique était de rester dans ma propre énergie. J'ai appris à dégager un espace énergétique autour de moi, à me détacher des cordes des autres, et à placer des miroirs (imaginaires) énergétiques afin de ne voir que mon reflet lorsque j'essayais de deviner ce que l'on pensait de moi.

Quand il s'agit de vous, une seule opinion importe : la *vôtre*.

La définition d'une relation, qu'elle soit platonique ou amoureuse, est la connexion entre deux personnes. Puisqu'il est question de deux personnes bien distinctes, cela diffère de l'Unité. L'Unité interconnecte tous les êtres d'une manière si étendue que l'égo se dissout.

Vous n'avez pas besoin de transcender la réalité pour trouver l'Unité. Vous n'avez pas besoin de vous enfermer dans une pièce pour méditer des jours durant. Il s'agit plutôt de plonger dans le moment présent, et de vous ancrer dans votre corps. Ressentez là où il touche le sol ou la chaise sur laquelle vous vous trouvez. Décelez la moindre tension qui y règne. Il s'agit d'être satisfait de ce qui existe déjà – de ce que vous avez déjà créé, et de qui vous êtes en ce moment même. Dès que vous serez en mesure d'accepter pleinement le présent – ce que vous avez créé et projeté jusqu'à maintenant, le bon comme le mauvais –, vous pourrez atteindre un état de fluidité.

Le conseil le plus fréquemment prodigué dans le cadre de la visualisation est de rechercher la gratitude. Bien sûr, ce sentiment constitue un puissant outil pour vous projeter, mais il peut s'avérer difficile de le faire remonter à la surface lorsque vous n'êtes pas dans un état d'acceptation avec vous-même.

La visualisation peut être le moyen pour nous de chercher une solution extérieure à un problème intérieur. En fait, nous abordons le problème à l'envers. C'est lorsque nous soignons ce qui est à l'intérieur que nous n'avons plus besoin de changer notre réalité extérieure. Autrement dit, nous sommes simplement satisfaits à cet instant précis. Et, comme par magie ou par miracle, notre réalité extérieure se trouve modifiée pour refléter notre satisfaction intérieure. Une fois dans cet état de fluidité, nous pouvons aisément projeter les choses que nous désirions auparavant (mais dont nous n'avons fondamentalement plus besoin). Voilà le paradoxe de la visualisation.

MÉDITATION POUR DÉGAGER L'ESPACE AUTOUR DE SOI

Essayez cette méditation avec moi afin de dégager l'espace énergétique autour de vous et changer la façon dont vous vous souciez du regard des autres.

1. Mettez-vous à l'aise – assis ou debout. Fermez les yeux et faites tomber vos barrières.
2. Élargissez votre conscience et la boule de lumière que vous percevez autour de vous d'un million de kilomètres dans toutes les directions.
3. Imaginez cette expansion se produire à l'infini.
4. Envoyez une pointe d'énergie du haut de votre tête (comme le faisceau lumineux d'une lampe de poche) vers la plante de vos pieds, jusqu'au centre de la Terre afin qu'elle se connecte à la grille de lumière de notre planète.
5. Imaginez une pointe sortir du haut de votre tête et se connecter au soleil spirituel au-dessus de vous.
6. Visualisez une déneigeuse géante et servez-vous-en pour déblayer l'espace énergétique autour de vous dans toutes les directions jusqu'à avoir beaucoup de place pour contenir votre propre énergie.
7. Autour du périmètre du cercle que vous aurez déblayé, imaginez des répliques de vous-mêmes se tenant côte à côte et vous faisant face.
8. Il s'agit du groupe auquel vous vous identifiez

désormais. Voici le groupe dont l'opinion vous importe.
9. Lorsque vous vous inquiéterez du jugement d'autrui, vous ne vous en remettrez qu'à ce groupe. Est-ce qu'il vous juge ? Que pense-t-il être le meilleur pour vous ? Que veut-il de vous ?
10. Dès que vous sentirez un petit pincement vous apporter de la honte ou de la culpabilité dans votre journée, revenez à cette vision. Vous disposez d'un grand espace et êtes entouré(e) de reflets de vous-même. Que pensez-vous de la situation ? Quel est votre ressenti ? Que savez-vous ?

Plus je dégage de l'espace pour mon énergie, plus je m'intègre, plus je me plonge dans le moment présent avec les autres, et plus je suis ancrée. Toute cette inquiétude concernant l'opinion d'autrui et cette envie de me protéger du jugement et de m'accrocher à mes illusions de subir ma vie ont créé des fractures ainsi que des tendances narcissiques en moi.

Ces tendances égocentriques proviennent de la frustration engendrée par différentes croyances selon lesquelles nous avons besoin de l'autre pour devenir un être entier, de contrôler les pensées d'autrui, ou d'être aimés.

Rester dans notre propre énergie nous procure à la fois clarté et pouvoir. Au cas où vous croiriez que ceci vous transformera en pervers narcissique, sachez que le fait de se connecter à ses parts d'ombre et à les intégrer est à l'opposé du narcissisme.

JEUX À LA MAISON

1. Continuez votre routine sacrée chaque soir.
2. Écoutez un enregistrement subliminal au moins une nuit par semaine.
3. Documentez, analysez, et guérissez toute part de vous se manifestant dans vos rêves.
4. Écrivez librement la suite des affirmations suivantes :

- Les domaines où je suis le plus contrôlé(e) par la honte sont…
- Je ressens toujours de la honte par rapport à…
- Je crains secrètement d'être une mauvaise personne, car…

5. Pratiquez la méditation pour se débarrasser des cordes décrites dans le chapitre quatorze ou celles de ce chapitre.

CHAPITRE VINGT-ET-UN

*F*élicitations ! Vous êtes arrivé(e) au bout de ce livre. J'espère que vous ressentez d'ores et déjà les effets de sa lecture – ou de son écoute si vous préférez les livres audio.

Personnellement, je sais que je ne suis pas la femme que j'étais lorsque j'ai commencé à l'écrire. J'ai évolué et me suis transformée de bien des façons, toutes plus belles les unes que les autres. Il y a une bouffée de fierté en moi qui n'existait pas auparavant.

Avant l'écriture de ce livre, j'avais accès à ma sagesse intérieure, mais j'étais toujours sous le joug de mes doutes et de mes craintes concernant ma valeur. Aujourd'hui, en revanche, je ressens un certain courage en sachant que l'amour élève les gens.

Vous savez désormais que vous pouvez éclairer l'ombre étrange et effrayante dans le coin de la pièce, et qu'elle se transformera en une pile de vêtements. Lorsque l'on affronte son ombre et qu'on l'accueille en nous, plus aucune peur ne subsiste. C'est lorsque nous ne rejetons plus ces parts de nous-mêmes que nous avons accès à notre pouvoir et notre puissance créatrice.

Si tout le monde utilisait ces outils, imaginez un seul instant toutes les querelles, souffrances et guerres qui seraient évitées !

J'ai le sentiment que les choses que je m'efforçais d'accomplir sont désormais en route vers moi à une vitesse vertigineuse. Elles se manifesteront en un clin d'œil. Une nouvelle relation amoureuse, trois-cent-mille dollars par mois et des films adaptés de mes romans. Mes revenus de coaching au même niveau que ceux de mes livres.

Je ne demande plus ces choses à l'univers désormais. Je suis dans un nouvel état, où je sais que *je suis la femme qui les créera.* J'ai l'intime croyance que j'ai le pouvoir de créer tout ce dont je désire. Et je sais que l'univers va s'aligner sur ma fréquence afin que tout se manifeste rapidement, sans le moindre effort.

Vous avez maintenant absorbé l'essence globale de ces outils. Je vous suggère de rejoindre la liste d'attente de mon cours en ligne, ou de vous procurer mon cahier d'exercices, si vous souhaitez incorporer pleinement ce que vous venez d'apprendre dans l'optique d'une transformation totale. Vous aurez ainsi accès à un processus d'intégration guidé et expliqué étape par étape. Pour plus d'informations, inscrivez votre adresse email sur https://relax2riches.com.

En utilisant ces outils, vous vous redécouvrirez en tant qu'être de lumière au potentiel créateur infini. Vous aimerez la personne que vous êtes aujourd'hui, y compris vos parts d'ombre. Vous construirez une base solide de laquelle lancer et cultiver n'importe quelle création, que ce soit rencontrer l'amour de votre vie, décrocher le job de vos rêves, emménager dans la maison idéale ou conduire votre voiture préférée. Mais plus important encore, vous saurez que ce ne sont pas ces choses qui vous rendent riche. Non, cette richesse tient plutôt dans le fait de croire en vous-même, d'être bien dans votre peau et pleinement intégré(e).

Cette richesse vient de la rupture de votre habitude à rejeter des parts de vous-même et à souhaiter être quelqu'un d'autre ou autre part, ou avoir vécu une autre vie. **Dès l'instant où vous couvrez vos arrières, vous ne manquez plus de rien et rien ne peut vous être enlevé.** Voilà la **véritable abondance.**

Même si j'ai commencé à écrire ce livre comme la description de la projection 2.0 – et je maintiens toujours que les outils décrits ici génèreront de formidables résultats –, il semble qu'il ne soit pas question de visualisation du tout. **Il est question de vous, dans toute votre gloire et votre beauté.**

J'ai hâte de découvrir le chemin que vous emprunterez.

DÉMARRER UN GROUPE D'ÉTUDE POUR APPLIQUER LES OUTILS

COMMENT METTRE LES OUTILS DU LIVRE EN PRATIQUE AVEC UN GROUPE OU UN PARTENAIRE

Pour commencer, je vous suggère, si vous parlez anglais, de rejoindre le groupe Facebook *Relax to Riches* afin d'y trouver du soutien, un endroit où poser des questions, et l'occasion de rencontrer des gens intéressés par l'introspection. Une fois votre groupe formé ou votre partenaire trouvé, travailler sur les outils du livre au rythme qui vous convient. Je vous suggère de consacrer une semaine à chacun d'eux, mais si cela vous semble trop compliqué à gérer, n'hésitez pas à prendre deux semaines – voire un mois. Vous pouvez utiliser le protocole suivant pour vos sessions de travail :

1. Créez une conversation groupée pour célébrer des réussites et échanger des idées ou des questions entre deux sessions.
2. Démarrez vos sessions (en face-à-face ou en appel vidéo) en partageant chacun une réussite de la

semaine afin de former un espace sain où célébrer et amplifier vos réussites.
3. Effectuez les exercices d'écriture libre et/ou les méditations en groupe.
4. Partagez toute idée, prise de conscience, ou question qui vous vient à l'esprit à la suite de la lecture du livre.
5. Pratiquer l'attraction d'énergie avec un partenaire – en envoyant et en recevant de l'énergie.
6. Pratiquer l'exercice pour consumer les cannibales avec des partenaires.

RESSOURCES

RITUEL DE PURIFICATION ÉNERGÉTIQUE

De Machaelle Small-Wright et Perelandra Gardens : https://perelandra-ltd.com/perelandra-simplified-energy-cleansing-process.html

MÉDITATION POUR RÊVES LUCIDES :

https://write-to-riches.teachable.com/p/my-downloadable-543252

https://insighttimer.com/fredrikstangeland/guided-meditations/guided-lucid-dreaming-the-mild-technique

https://insighttimer.com/christianthomas/guided-meditations/lucid-dreaming-vividly-tonight

https://insighttimer.com/fredrikstangeland/guided-meditations/lucid-dreaming-sleep-talk-down-and-lucid-dream-incubation

RESSOURCES

https://insighttimer.com/michellessanctuary/guided-meditations/lucid-dreaming-into-the-night-a-guided-sleep-meditation

TAPIS LED

https://healthywavemat.com/
https://higherdose.com/products/infrared-sauna-blanket

LECTURES RECOMMANDÉES

Écrivez votre réussite : 7 étapes pour éveiller l'écrivain abondant qui sommeille en vous de Renee Rose

Existential Kink: Unmask Your Shadow and Embrace Your Power (A method for getting what you want by getting off on what you don't) de Carolyn Elliot

Unbound: A Woman's Guide to Power de Kasia Urbaniak

Pourquoi nous sommes essentiellement bons – (No bad parts) – Guérir les traumatismes et restaurer le Self-leadership avec la thérapie IFS de Richard Schwartz

Soigner l'esprit, guérir le corps de Louise Hay

Le langage secret de votre corps – Le guide essentiel à la guérison d'Inna Segal

À PROPOS DE RENEE ROSE

Renee Rose est autrice de romance à succès, citée 15 fois sur la liste de *USA Today*. Sa passion consiste à aider d'autres écrivains à trouver leur état d'esprit abondant et à le maintenir pour propulser et créer le meilleur avenir possible. Elle utilise des outils et des techniques énergétiques pour aider ses clients à se débarrasser des résistances et des blocages liés à l'argent, accéder à leur guidance intérieure et puiser dans leur amour et la gratitude pour réaliser leurs rêves.

www.write2riches.com
renee@reneeroseromance.com

www.ingramcontent.com/pod-product-compliance
Lightning Source LLC
Chambersburg PA
CBHW030547080526
44585CB00012B/289